AF509063

J. ARREN

SA MAJESTÉ la PUBLICITÉ

MAISON ALFRED MAME & FILS . Tours

Sa Majesté

la Publicité

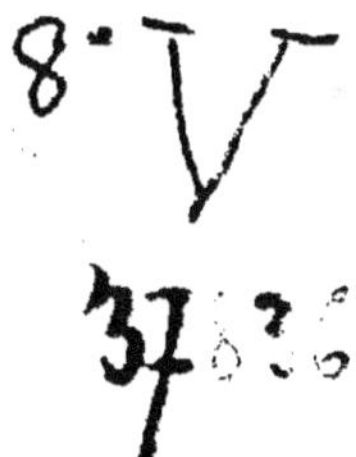

J. ARREN

Sa Majesté la Publicité

TOURS

MAISON ALFRED MAME ET FILS

AVANT-PROPOS

J'ai essayé, dans ce petit livre, de donner l'idée de ce qu'est cette puissance moderne que l'on nomme « la Publicité ». Elle tient dans le monde une place considérable, qui grandit encore chaque jour. Nous subissons tous son action. Le nombre de ceux qui ont à l'utiliser s'accroît sans cesse. Elle remue des millions, elle fait et défait des fortunes. Elle est devenue une science que l'on étudie dans des écoles spéciales, à laquelle des livres et des revues sont consacrés ; c'est un commerce qui fait vivre des milliers d'ouvriers, d'employés, d'agents, de courtiers de toute espèce. Des centaines d'industries travaillent pour elle. Le rôle que joue dans notre société une telle force est un problème dont nul ne peut se désintéresser.

Chaque jour nous voyons qu'on fait appel à la publicité dans un domaine où on l'avait jusque-là négligée et méprisée : la politique, la religion même, se risquent aujourd'hui à l'employer. Il y aura, demain, bien peu des formes de l'activité humaine qui ne soient pas soutenues par ce puissant auxiliaire.

Dans ces conditions, n'est-il pas utile pour tous de connaître le fonctionnement de ce prodigieux mécanisme, d'en savoir toutes les ressources et toutes les possibilités?

Mais ce n'est pas le seul but que je me suis proposé en écrivant ce petit volume : j'ai voulu en faire un recueil d'idées de publicité, où les industriels et les commerçants trouveront nombre de suggestions utiles. Le meilleur enseignement n'est-il pas l'exemple des autres? La description des méthodes employées par des maisons dont la publicité a bâti et entretenu la fortune peut éviter bien des erreurs et des dépenses inutiles à ceux qui s'engagent dans la même voie. En décrivant les campagnes de publicité les mieux conduites, je mettrai en lumière les principes sur lesquels elles reposent, les causes qui en ont assuré le succès, les leçons qu'on peut en tirer.

Pour la description des campagnes de publicité étrangères, j'ai utilisé les revues américaines et anglaises; j'ai notamment fait de nombreux emprunts à *Printers Ink* (de Londres et de New-York) et à l'*Advertising World*.

J'ai reproduit également dans ce volume quelques-unes des interviews de chefs de publicité qui avaient paru dans mon premier livre : *la Publicité lucrative et raisonnée*, aujourd'hui complètement épuisé, et que de nombreuses personnes me demandent sans cesse de rééditer. Quelques chapitres enfin ont déjà paru dans la grande revue française d'organisation commerciale *Mon Bureau*.

Je n'ai qu'un mot à ajouter : dans ce volume sur la Publicité, — pas plus que dans aucun de ceux que j'ai écrits précédemment, — il n'y a une seule ligne de publicité.

PREMIÈRE PARTIE

I

SA MAJESTÉ LA PUBLICITÉ

Veut-on se faire une idée exacte de la place que tient la publicité dans notre vie moderne? Veut-on une preuve décisive que ceux qui en ont tâté ont vu qu'elle leur rapportait? Qu'on médite les chiffres qui suivent. Je les emprunte à des statistiques américaines. En effet, chez nous, la publicité est encore dans l'enfance; c'est aux États-Unis qu'elle a déjà pris, on n'ose dire tout son développement, car elle grandit sans cesse, mais enfin des proportions déjà respectables.

On évalue à 1 000 millions de dollars, — c'est-
à-dire 5 milliards de francs, — la somme dépensée
chaque année en publicité aux États-Unis.

Avant la guerre de Sécession, un fabricant de
balances, Fairbank and Co, dépensait 3 000 dollars
par an, soit 15 000 francs. Aujourd'hui il en dépense
750 000, soit 3 millions et demi de francs. Le fabricant du savon « Sapolio », qui, il y a quelques
années, consacrait par an 30 000 dollars à sa publicité, soit 150 000 francs, dépense aujourd'hui
1 000 dollars par jour, soit 5 000 francs.

Dernièrement, un magasin de détail envoya des
catalogues pesant jusqu'à quatre livres et ayant un
millier de pages. Le port seul d'une édition de ce
catalogue coûta 640 000 dollars.

Il n'y a pas de maison, en Amérique, qui ne
consacre au moins 5 % de ses bénéfices à sa publicité.

Les grandes maisons de nouveautés américaines,
les « Departments Stores », ont des budgets de
publicité formidables : la maison Marshall Field,
de Chicago, tient la tête avec 3 500 000 francs par
an; Wanamaker, en moyenne 2 millions et demi. Les
grands magasins de New-York dépensent annuelle-
ment, ensemble, 10 millions de publicité, représentant 4 % du montant de leurs ventes totales.
Cette dépense est le double de celle qu'ils affectent
au loyer de leurs établissements; elle n'est dépassée
que par les salaires des employés.

Un rasoir de sûreté célèbre a su, avec 750 000 francs de publicité, vendre 6 millions de rasoirs. Pour étendre sa vente à l'étranger, il a porté son budget de publicité à 1 250 000 francs par an. Une des plus célèbres fabriques de plumes à réservoir dépense 500 000 francs par an pour sa publicité.

Thomas Beecham, pour ses pilules, a englouti 1 million de livres sterling, soit 25 millions de francs en annonces.

LES JOURNAUX ET LA PUBLICITÉ

Pour mesurer la force de la publicité, nous avons une source d'informations très sûre : c'est le développement des journaux, qui tirent de leurs annonces le plus clair de leurs revenus. On vient de publier les résultats du recensement de 1909 aux États-Unis ; il en ressort que le nombre des périodiques a passé de 18 793 en 1899 et 21 848 en 1904 à 22 141 en 1909, soit en dix ans une augmentation de 17,8 %. Mais le chiffre du tirage est encore plus significatif. Il était de 106 889 334 exemplaires en 1899 et a passé à 164 463 040 en 1909, soit un accroissement de 53,9 %. Les recettes des périodiques étaient de 915 570 000 francs en 1899 ; en 1909, de 1 758 312 500 francs, soit un accroissement de 92 % en dix ans. Or la publicité, qui représentait 54,5 % du revenu des journaux en 1899, en fournit aujourd'hui 60 %, c'est-à-dire une somme de 1 054 860 000 francs.

Ces recettes colossales s'expliquent aisément. Un hebdomadaire de New-York, la *Saturday Evening Post*, qui a un tirage de près de 2 millions d'exemplaires, fait payer en moyenne 20 000 francs la page d'annonces pour un numéro. Le *Ladies Home Journal*, qui tire environ à 1 600 000, arrive à recevoir 3o 000 francs pour une page de réclames.

Et ce qui est frappant, c'est que l'on voit des fabricants de *chewing gum* (sorte de pastilles aromatiques que l'on mâche indéfiniment) ou de cols économiques prendre de doubles pages de la *Saturday Evening Post* pour leurs réclames. Or ce sont des articles à dix ou quinze sous. Combien une telle annonce en fait-elle donc vendre pour que les fabricants puissent regagner les 4o 000 francs d'une insertion ?

La plupart des grands magazines américains tirent à part des numéros renfermant seulement les pages réservées à la publicité, — cela veut dire de 200 à 3oo pages, — et les envoient à leurs clients. Le numéro du *Ladies Home Journal*, ainsi allégé du « poids mort » des articles, est tiré à 20 000 exemplaires.

Un grand magasin de nouveautés de Philadelphie paye un demi-million une page entière de publicité, réservée journellement dans l'un des plus importants quotidiens de la ville, le *Record*. Un magasin concurrent, la maison Wanamaker, paye au même titre 3oo 000 francs à la *Press*, autant

au *Ledger,* 375 000 francs au *North American,*
35o 000 au *Times* et à l'*Evening Telegraph.*

L'AFFICHE CHÈRE

Les chiffres de l'affichage ne sont guère moins
impressionnants. Une compagnie américaine fabriquant un aliment reconstituant, la *Force Food Co,*
paya 12 000 francs pour la location d'une muraille
qui devait rester seulement deux mois exposée aux
regards. Pour une affiche placardée au coin de la
34ᵉ avenue et de Broadway, à New-York, le prix de
location était de 5o francs par pied carré et par
mois. La *Force Food Co* paye 5 000 francs par an
pour avoir le droit de peindre ses réclames sur une
cheminée bien placée à New-York : la peinture doit
être renouvelée chaque année et coûte 2 000 francs.

LE RECORD DU CATALOGUE

Passons au catalogue : une compagnie anglaise,
la *General Electric Co,* vient d'éditer un catalogue
renfermant tous les appareils électriques connus,
pour la production et l'utilisation de la force, de la
lumière, de la chaleur, pour l'éclairage, les signaux,
les téléphones, l'industrie, etc. Ce catalogue a
1470 pages et environ 10 000 illustrations. Il est
relié en quatre volumes ; une reliure supplémentaire
renfermera les suppléments. Le prix de revient de
chaque exemplaire est de 32 francs, le poids de

l'exemplaire est de 15 livres et demie. Le poids total de l'édition est de 48 tonnes, et son prix total de 1 250 000 francs. On l'envoya gratuitement aux clients possibles.

Arrêtons ce défilé de millions : beaucoup de souverains n'envieraient-ils pas la liste civile de S. M. la Publicité?

Cette puissance de la publicité, qu'attestent les chiffres, ne nous est-elle pas révélée d'ailleurs par mille autres indices? Ne s'étale-t-elle pas sous nos yeux, partout : non seulement sur les murs des villes, mais, hélas! jusque dans les sites les plus pittoresques, et des fjords de Norvège aux déserts de l'Afrique? Elle a enrichi les journaux et les magazines, dont elle est devenue la ressource principale. Elle est une science qui a sa technique, ses règles fort compliquées, ses calculs presque infaillibles, un art qui utilise habilement toutes les ressources de la photogravure, de la lithographie, du dessin et des couleurs; un commerce qui fait vivre des milliers de personnes. Bref, il y a, entre la publicité et le boniment du charlatan des foires de jadis, la même différence qu'entre la diligence de nos pères et l'automobile d'aujourd'hui.

II

LE ROLE DE LA PUBLICITÉ DANS LA VIE MODERNE

La publicité qui est la mieux connue, parce qu'elle s'étale ouvertement au grand jour, est celle des maisons de commerce; c'est ce que l'on nommait, il y a peu d'années encore, « la réclame : » affiches, clichés dans les journaux, catalogues, etc. En ce sens, on nomme publicité l'ensemble des moyens ayant pour but de provoquer un achat, c'est-à-dire d'amener le public à faire une dépense.

Mais la publicité évolue, et son domaine s'accroît avec une rapidité incroyable. Pour bien apprécier l'importance qu'elle est en train de prendre dans la vie moderne, il faut en donner une définition plus large et qui tienne compte de manifestations moins connues, mais fort intéressantes.

L'ART DE PERSUADER

Un écrivain américain a dit que la publicité était *la force qui permettait de pénétrer la foule d'une idée.* Voilà une définition qui nous révèle aussitôt le grand rôle que jouera demain, que commence même dès aujourd'hui à jouer la Publicité. Si nous la considérons comme une science, nous pouvons dire qu'elle nous enseigne *les meilleurs moyens de faire penser et agir d'une certaine manière une collectivité.* Au point de vue pratique, elle se distingue des propagandes désintéressées en ce qu'elle a généralement pour but de procurer un profit à quelqu'un qui, en vue d'un bénéfice, fait les dépenses nécessaires pour l'emploi des moyens dont elle dispose.

Prenons quelques exemples, en partant des formes commerciales pour arriver aux procédés plus subtils de la publicité masquée.

PASSEZ A LA CAISSE !

Un fabricant de chocolat, qui fait de la réclame pour sa marque, s'efforcera de persuader le public que ses produits sont, à prix égal, plus nourrissants, plus sains, plus agréables au goût, plus purs que ceux de ses concurrents. C'est l'opinion qu'il va chercher à répandre.

Notez que le fait peut être parfaitement exact, prouvé par des analyses chimiques, par des arguments irréfutables. Donc le fabricant peut être tout à fait sincère, et ses « réclames » peuvent n'être que l'expression de la stricte vérité.

Supposez cependant que, muni de son dossier, il vienne trouver le directeur d'une revue ou d'un journal [1] et lui propose de publier ces preuves comme autant de faits qu'il est intéressant pour le public de connaître, tout aussi bien que la nouvelle d'une révolution en Chine. Le directeur de revue ou de journal tiendra au fabricant le raisonnement suivant : « Les constatations que vous me demandez de publier auront pour résultat de vous faire vendre du chocolat : de cette vente vous retirerez un bénéfice. Pourquoi voulez-vous que je fasse gratuitement cette publication qui va vous rapporter ? J'ai moi-même des frais : mon journal est une affaire, je dois chercher à utiliser sa force pour en retirer des bénéfices. Donc je crois devoir vous demander une certaine somme pour insérer les faits que vous me demandez de faire connaître. »

Telle est la base de tout traité de publicité dans un périodique. Arrêtons-nous un instant à considérer ces contrats, qui nous paraissent aujourd'hui tout naturels. Ils soulèvent une infinité de problèmes dont la solution n'est pas toujours aisée.

---

[1] Nous nous occupons surtout ici de la presse, des périodiques dans le sens large du mot. C'est un des plus puissants moyens de vulgarisation, de persuasion, de diffusion de la pensée. Leur développement, dans ces dernières années, a ouvert à la propagande des idées, des possibilités infinies. La publicité s'en sert largement. C'est sur ce terrain qu'elle s'est le plus métamorphosée et qu'elle prend le plus de formes diverses ; c'est pourquoi nous choisissons la presse pour cet examen.

2

PUBLICITÉ PAYANTE OU GRATUITE

Supposons qu'à la place du fabricant de chocolat ce soit un médecin qui se présente : il vient de découvrir un traitement du cancer, un traitement qui assure la guérison. Que se passera-t-il ? Voici comment les journaux, pratiquement, résolvent les difficultés de ce genre. Si la découverte dont il s'agit n'est susceptible d'aucune exploitation commerciale, si celui qui en est l'auteur n'en attend aucun bénéfice, on en parle comme d'un événement intéressant et gratuitement. Cela n'est pas de la publicité. Si, au contraire, il s'agit d'un remède qui sera vendu demain ou d'une méthode qui sera exploitée ; si celui enfin qui la présente est jugé capable de monnayer sa notoriété, on ne parlera de lui que contre espèces. C'est de la publicité.

LE CRITÉRIUM

On voit combien il est difficile, dans des cas analogues, de distinguer ce qui est de la publicité de ce qui n'en est pas. On n'a qu'un critérium pratique : savoir si les éloges et l'exposé même ont été rétribués. Mais il se produit souvent le fait suivant : un journal plus naïf, plus désintéressé ou moins important qu'un autre, publie gratuitement des articles que son confrère s'est fait payer pour insérer. Tous deux disent la même chose d'une découverte ; mais dans l'un ce qui est dit est de la publicité, dans l'autre cela n'en est pas.

Quelquefois un journal peut être trompé par un de ses collaborateurs, insérer et même payer un article qui est fourni comme travail scientifique, et qui a été en réalité rétribué pour qu'il favorise une affaire. Enfin le mode de rétribution peut varier à l'infini. Souvent un journal s'intéresse à une découverte, lui fait de la réclame, — gratuitement d'abord, parce que l'inventeur n'a pas les fonds nécessaires pour payer, — mais il est entendu que, dès qu'une affaire commerciale sera montée, une publicité payante viendra récompenser le premier concours.

PUBLICITÉ ET RÉDACTION

Il arrive quelquefois que, sur le même sujet, paraissent dans un même journal des appréciations dont les unes sont de la publicité, tandis que les autres n'en sont pas. Prenons comme exemples les pièces de théâtre. Un théâtre est une affaire qui a des recettes et des dépenses : les théâtres ont des traités de publicité avec les journaux. Mais, d'autre part, une première représentation est un événement parisien ; une œuvre dramatique est une production littéraire qu'il faut juger, et un bon jugement sur ce genre de productions constitue une réclame pour le journal qui la publie. Il y a donc conflit d'intérêts : que font les journaux ? Ils publient des comptes rendus de pièces, signés de critiques dramatiques, qu'ils payent, et qui doivent être impartiaux. Ces comptes rendus ne sont donc pas de la publicité, d'après le critérium pratique que nous venons de donner ; et cependant, s'ils sont favorables, ils constituent une excellente réclame pour le théâtre. Celui-ci reproduira même, sur des affiches et dans des prospectus, des extraits de ces comptes rendus : on voit combien la définition de la publicité apparaît ici flottante.

Mais, à côté du compte rendu du critique, — qui peut être défavorable, les journaux insèrent dans le *Courrier des théâtres* des communiqués qui sont toujours laudatifs et qui sont de la publicité payée, — quelquefois il y a contradiction manifeste entre les deux.

Nous ne sommes pas au bout de nos peines. En effet, le critique peut être moins impartial que le directeur de son journal ne le pense. Il peut être lui-même auteur dramatique, désirer avoir une pièce jouée dans le théâtre où une première a lieu. Le directeur peut lui donner à entendre que, si le compte rendu est favorable, une pièce déposée et en lecture sera acceptée et montée. Voilà donc notre compte rendu qui devient de la publicité, lui aussi. Quelquefois c'est le directeur du journal qui pèsera sur le jugement : le résultat sera le même, à moins que des conflits ne se produisent.

Enfin, à propos des pièces de théâtre comme dans beaucoup d'autres sujets, il est difficile, on le pense, de maintenir toujours une cloison étanche en ce qui est la Publicité et ce qui ne l'est pas. Si les jugements « impartiaux » étaient toujours défavorables, les traités seraient à la longue dénoncés. On est donc toujours plus indulgent pour ceux qui font de la publicité payante que pour ceux qui n'en font pas, et les rapports entre la partie rédactionnelle et la partie publicité sont singulièrement délicats.

LA FAISEUSE D'OPINION

Nous venons d'examiner un seul cas, et déjà nous sentons que la Publicité tient dans la vie moderne une place singulièrement plus grande que ne le pensent ceux qui n'y voient que des affiches pour des savons et des clichés pour des pilules.

Elle devient, en réalité, la grande faiseuse de l'opinion publique, et il nous faut poursuivre l'examen de la manière dont son influence se fait sentir.

Pour un observateur superficiel, il y a dans les journaux des pages réservées à la publicité et d'autres à la rédaction ; ceux qui observent un peu mieux savent que dans la partie rédactionnelle il y a des filets et même des articles de publicité, mais ils croient pouvoir reconnaître ces réclames et estiment que là s'arrête l'influence de la Publicité dans le journal.

C'est une erreur absolue. Supposons que la république d'Haïti [1] veuille lancer un gros emprunt sur la place de Paris. La banque, qui s'en est chargée, choisira un certain nombre de journaux dans lesquels elle organisera une campagne.

---

[1] Naturellement je prends au hasard un nom de pays quelconque.

Naturellement ces journaux publieront les prospectus annonçant l'émission des obligations, indiqueront le taux de l'intérêt, les garanties données, etc. Mais ce serait une publicité bien mal faite que celle qui s'en tiendrait là.

Voici en quoi consistera *la campagne*. Des articles paraîtront sur la république d'Haïti, sur ses ressources naturelles, ses richesses minières, sa prospérité commerciale. De temps en temps des communiqués seront insérés comme correspondances ou dépêches de l'étranger, rendant compte des événements politiques, des faits qui se passent en Haïti. Toutes ces informations évoqueront l'idée que jamais le gouvernement n'a été plus stable ni la république plus tranquille.

Ce n'est qu'après un mois au plus de cette préparation de l'opinion qu'apparaîtra la « Publicité » proprement dite.

INFORMATION ET PUBLICITÉ

Il est rare qu'il n'y ait pas, dans la presse quotidienne, une bonne douzaine de publicités semblables en train. Tantôt les campagnes sont plus intenses, tantôt elles ne se manifestent que par des notes espacées ; mais le lecteur bénévole peut se dire qu'il avale chaque jour, sans s'en douter, un certain nombre d'informations tendancieuses.

En effet, les emplois de cette manière discrète de faire l'opinion sont innombrables. Elle est pratiquée d'abord de plus en plus par des entreprises industrielles et commerciales. Cela est arrivé au point qu'il y a bien peu d'articles paraissant sur des sujets économiques dans la presse quotidienne qui soient entièrement désintéressés. En effet, ils profitent toujours à quelqu'un, et il est rare que ce profit ne soit pas reconnu par une subvention. Qu'il soit question de caoutchouc, de café, de sucre, de liqueurs, de vins, de conserves, de méthodes médicales ou chirurgicales, de navigation aérienne, il se trouve toujours une maison qui recueille le bénéfice d'un mouvement d'opinion, et en général elle est assez intelligente pour le déterminer ou tout au moins pour le canaliser.

LE POINT DE VUE MORAL

On peut discuter, — et on discute en fait, — longuement sur la moralité de ces usages. Qu'ils donnent lieu à des abus, cela est hors de doute, et les exemples sont inutiles. Mais, d'autre part, il faut bien dire que la Publicité ainsi pratiquée n'est pas nécessairement immorale. J'ai indiqué plus haut le point de vue des journaux ; ils vendent une marchandise qui a une valeur : la notoriété. Ils ne sont pas disposés à la céder pour rien. En outre, ils sont eux-mêmes des affaires commerciales qui ont des frais considérables et ont besoin de ressources toujours croissantes. Le public est habitué à recevoir pour un sou des informations du monde entier, des reportages sensationnels, des articles signés de noms illustres. Il va sans dire que le produit de la vente ne peut payer tout cela. Il faut donc que la Publicité fournisse des ressources.

Mais, dira-t-on, que devient l'impartialité? Le devoir de la presse n'est-il pas de renseigner toujours exactement sur ce qui est? Sans doute; mais c'est là un bel idéal rarement atteint. Les journaux politiques, on l'admettra volontiers, font subir une certaine déformation aux faits, les exagèrent ou les diminuent dans l'intérêt de l'opinion qu'ils défendent. Dira-t-on que cette déformation est inconsciente et résulte de la sincérité même des convictions de ceux qui y écrivent qui sont aveuglés par leur passion? Soit; mais, au point de vue des lecteurs, le résultat est le même. Les grands journaux d'information échappent peut-être à ce reproche. Cependant il en est bien peu qui ne soient guidés par le désir de servir ou de desservir certains hommes politiques, certains gouvernements, certaines opinions, certaines causes. Les nécessités même de l'information à outrance qui les obligent à être tous les jours sensationnels ont pour conséquence inévitable une certaine déformation des faits. Enfin, presque toujours, ces journaux soutiennent un certain nombre d'entreprises financières, commerciales, « d'affaires, » ou sont soutenues par elles, ce qui revient au même. C'est chez eux enfin que la « campagne » est le plus fréquente.

LES NÉCESSITÉS DE LA VIE MODERNE

Ce sont des faits sur lesquels on peut gémir ; mais il faut en tout cas renoncer à tout espoir de les changer, car ils sont la conséquence des conditions de la vie moderne, et nul ne peut espérer les supprimer.

Il est inévitable que les traités qui lient la presse à des banques, à des grands magasins, à une infinité de grosses entreprises, la présence dans leurs colonnes de rubriques de publicité comme le *Bulletin financier*, les subventions reçues pour les émissions, pour certaines insertions, etc., aient une influence sur les parties de rédaction.

En fait, ce qui est important au point de vue de la moralité, c'est que les journaux refusent certaines publicités et certaines campagnes. On ne peut leur demander plus, et ceux qui apportent le souci de leur dignité et des intérêts du public dans l'examen des différentes affaires qu'on leur offre, font tout ce qu'on peut exiger d'eux dans les circonstances actuelles.

LA PUBLICITÉ HONNÊTE

Au point de vue pratique où nous nous plaçons ici, nous considérons que seule la publicité honnête, pour les affaires solides, nous intéresse. Nous estimons donc que l'on peut et doit, sans fausse pudeur, connaître et utiliser toutes les ressources que met à notre disposition la presse, au lieu de les abandonner, comme on le fait trop souvent, aux entreprises douteuses et aléatoires.

Supposons qu'un inventeur ait découvert un procédé nouveau, économique et pratique, pour fabriquer l'ammoniaque, qu'il cherche à trouver des capitaux et à constituer une société par actions pour la fabrication de son procédé. Nous trouverons tout naturel qu'il fasse une campagne de presse bien conçue dans les journaux. Il fera rédiger, au besoin par des savants connus, des articles sur l'emploi de l'ammoniaque dans l'industrie moderne, sur la demande toujours croissante de ce produit, sur l'insuffisance et la cherté des moyens actuels de le fabriquer, sur un nouveau procédé économique et simple qui a le plus grand avenir. Une communication sera faite à l'Académie des sciences, et les comptes rendus en seront publiés partout... Les articles auront été payés, les insertions payées, les concours même des savants éminents auront été rétribués..., quelque La Rochefoucauld s'en attristera et les flétrira. En tant que moraliste, il pourra avoir raison. Mais nous nous plaçons ici au point de vue de l'homme d'affaires ; de ce point de vue une question importe : l'affaire est-elle sérieuse, viable, bien étudiée? Dans ce cas, il faut se féliciter qu'elle soit bien lancée, car elle rapportera. Mieux vaut pour les capitalistes mettre leurs fonds dans cette entreprise que dans les mines d'or de la Lune ou les chemins de fer de Saturne. Il faut donc souhaiter que l'on fasse plus de publicité pour les affaires sérieuses que pour les spéculations aléatoires. Au lieu de gémir sur certains procédés modernes pas trop américains, il faut les assainir, en quelque sorte. en les employant pour les affaires parfaitement honnêtes et lucratives.

LES BONNES MÉTHODES

On se plaint souvent. en France, de la difficulté de trouver des capitaux pour des entreprises commerciales et industrielles des plus sérieuses, alors que les banquiers les plus véreux trouvent des millions pour des affaires sans garanties ni valeur. Ces banquiers emploient des méthodes de publicité extrêmement perfectionnées. Ils ont une organisation parfaite, connaissent toutes les ressources, toutes les méthodes, tous les trucs de la réclame moderne. Il faut bien le savoir : *ces méthodes ont un rendement fatal, certain. mathématique.* Quelle que soit l'affaire à laquelle on les applique. on a un rendement. On peut s'en attrister ou s'en féliciter : c'est un fait aussi indiscutable que tous ceux que nous révèle la statistique, et sur lequel nous ne possédons aucun empire. Ces méthodes ne sont. en elles-mêmes, ni honnêtes. ni malhonnêtes : le chalumeau à acétylène dont un voleur se sert pour ouvrir un coffre-fort n'est pas en lui-même un outil de voleur. il ne devient condamnable que par l'emploi qui en est fait.

Cependant on confond. dans l'esprit public. certaines méthodes de publicité avec l'emploi qui en est souvent fait. On les dédaigne ; les maisons honnêtes et considérées, jouissant d'une réputation ancienne, les méprisent et croiraient déchoir en les employant. Pratiquement, elles abandonnent le marché aux autres.

ON Y VIENDRA

Nous avons connu, il y a quelques années, ces dédains pour la publicité purement commerciale. Il y avait aussi de grosses maisons qui se vantaient de ne pas faire de réclame. L'examen de leurs chiffres de vente les a fait changer d'avis : vous voyez aujourd'hui leurs affiches sur les murs, leurs clichés dans les journaux. Il en sera de même pour les autres formes de réclame.

La Publicité apparaît, sous un aspect nouveau, dans des domaines où elle n'avait pas accès encore. Grâce à la presse, elle est devenue la grande faiseuse d'opinion. Littérature, théâtre, finance, politique, tout ce qui a besoin de l'opinion publique sera appelé à servir de cette force.

Nous croyons donc utile, dans un essai sur les grandes campagnes de publicité, d'exposer franchement et ouvertement ces faits, et d'en tirer toutes les conclusions pour l'organisation pratique de campagnes. C'est ce que nous ferons dans les pages suivantes.

III

PROPAGANDE ET PUBLICITÉ

Ce petit livre étant destiné à *suggérer* des idées de publicité, je crois intéressant d'indiquer ici un certain nombre de campagnes étrangères où l'on a employé les méthodes de la publicité commerciale, dans un ordre d'idées où l'on s'en tient encore, en France, aux ressources très inférieures de la propagande.

PUBLICITÉ RELIGIEUSE

Je ne veux pas aborder ici le sujet un peu délicat de la publicité pour la religion : aux États-Unis elle prend déjà un développement considérable, mais elle provoquerait dans l'ancien monde un malaise compréhensible. Je n'insisterai donc pas sur des procédés sans utilité pratique pour nous.

Mais il n'en est pas de même de la politique : certainement, d'ici peu, nous suivrons aux élections l'exemple de l'Amérique et de l'Angleterre.

Tous les partis, chez nous comme chez nos voisins anglo-saxons, ont un programme, proposent certaines réformes, défendent certaines idées, s'efforcent de gagner des adhérents par la discussion et une certaine présentation des événements.

Pour leur propagande, outre les réunions et affiches de la période électorale, ils utilisent surtout la presse. La plupart des journaux ont des relations avec un parti : les journaux politiques appartiennent en général à des hommes voulant jouer un rôle politique, ou sont subventionnés par des personnes qui tiennent à les voir défendre telle ou telle politique.

On peut donc dire en un certain sens, — comme nous le montrions plus haut, — qu'il y a déjà chez nous une publicité politique.

Mais pourquoi ne pas donner à cette publicité la forme des autres publicités? Ne peut-on démontrer la supériorité de la politique radicale par les moyens qui ont été employés pour persuader le public de la supériorité du cacao ou de l'utilité des machines à écrire? Ces méthodes de persuasion sont arrivées à un degré de perfection qui les rend très efficaces. On opère à coup sûr quand il s'agit de faire dépenser de l'argent, la chose la plus difficile au monde : n'arriverait-on pas au même résultat pour un bulletin de vote ?

L'EXEMPLE DE L'ANGLETERRE

Les Anglais en ont fait l'expérience et avec succès. Chez eux, comme chez nous, les journaux de grande information n'ouvrent guère leurs colonnes aux plaidoyers *pro domo* des partis politiques. Ceux-ci y ont fait insérer comme annonces *ce qu'ils voulaient faire savoir au grand public.*

Naturellement, ces annonces ne sont pas les indigestes et pesantes proclamations que nous voyons afficher sur nos murs pendant la période électorale. Ce sont des textes courts, convaincants, vite lus, vite compris, frappants ; bref, de bonnes réclames. Elles font appel à l'intelligence, disent *pourquoi* il faut voter pour tel parti plutôt que pour tel autre. Elles mettent en valeur les *arguments* que peut faire valoir un parti, les résument en formules frappantes. Enfin elles atteignent le gros public, les hommes de toute opinion, tandis que les journaux politiques français prêchent en général des convertis.

Ce qu'il y a de plus difficile aujourd'hui, c'est de faire pénétrer une information, de faire connaître les faits partout : cette publicité en fournit le moyen aux partis. Elle est coûteuse ; mais les procédés de propagande usuels ne le sont-ils pas, et quels résultats donnent-ils ?

Au moment des élections générales, outre la

publicité politique dans les journaux, on voit, en
Angleterre, des affiches politiques établies sur les
principes de la publicité commerciale.

AFFICHES POLITIQUES ILLUSTRÉES

La vie publique anglaise se résume en l'alter-
nance au pouvoir de deux partis fortement organisés : le parti conservateur et le parti libéral.
Lorsqu'on pressent une dissolution du Parlement
et des élections générales, — ce qui est le cas en
ce moment, — les comités centraux des deux partis
choisissent un certain nombre de « plates-formes » sur
lesquelles ils engageront la lutte dans tout le pays.
Puis ils préparent des affiches où sont résumés d'une
manière saisissante et schématique les grands arguments en faveur de l'un des deux partis adverses.
Chaque candidat mènera dans sa circonscription sa
campagne personnelle comme il l'entendra ; mais
l'organisation centrale lui aura fourni les munitions
et les *leitmotiv* de ses discours.

J'ai sous les yeux, en ce moment, les deux séries
d'affiches qu'ont éditées, pour les dernières élections
générales, l'Union des conservateurs et la Fédéra-
tion des libéraux. En les étudiant d'un peu près,
nous apprendrons à mieux connaître l'habileté extraordinaire avec laquelle nos voisins savent manier
l'opinion publique et capter les votes des élec-
teurs.

A tout seigneur tout honneur : commençons par

le parti au pouvoir, par les libéraux. Dès le premier coup d'œil on voit que c'est sur le budget présenté par le ministre des Finances du cabinet actuel, M. Lloyd George, que se livrent les plus furieuses batailles.

Voici une affiche des mieux réussies. elle est signée du célèbre dessinateur libéral sir F. Carruthers-Gould : sur la porte de son cottage est un bon vieillard aux cheveux blancs, au dos cassé, qui s'appuie sur son bâton ; tout joyeux, il avance la main pour prendre une lettre que lui tend le facteur. Ce facteur est M. Asquith, le président du conseil des ministres, et sur l'enveloppe on lit : « Retraites pour la vieillesse; » sur le sac du facteur est écrit : « Budget. »

Voilà le premier cheval de bataille des libéraux : les retraites ouvrières; ils l'enfourchent souvent. Dans une autre composition de Carruthers-Gould, un gros et gras conservateur montre à un bon vieux une affiche conservatrice sur un mur, où on lit : « Votez pour le sac d'argent, le candidat unioniste et les retraites ouvrières. » Au-dessous des deux personnages se trouve ce petit dialogue :

CANDIDAT CONSERVATEUR. — Vous voyez ce que je vous disais : ce sont les conservateurs qui ont pensé les premiers à vous donner des retraites.

LE RETRAITÉ. — Oui, vous nous l'avez promis il y a quatorze ans. Vous, les conservateurs, vous nous faisiez de bien belles promesses en 1895 ; mais nous, les pauvres vieux, nous préférons les libéraux, qui ont mis quelque chose dans notre poche.

3

L'ARGUMENT DU LIBRE ÉCHANGE

Le second cheval de bataille des libéraux, c'est le libre échange. Le parti unioniste s'est solidarisé avec la réforme des tarifs douaniers de M. Joseph Chamberlain, et la plupart des affiches des libéraux sont dirigées contre les protectionnistes.

Sur l'une, John Bull, — sous les traits de M. Asquith, — tend une enveloppe libellée : « Retraites ouvrières, » et un paquet où est écrit : « Sucre à bon marché » à un groupe formé d'un vieillard, d'une bonne femme et d'une petite fille, qui saisit le sucre avec joie. Dans le fond, deux personnages contemplent cette scène avec des mines désespérées : ce sont M. Chaplin et M. Chamberlain, qui disent, navrés : « Voilà qui est bien ennuyeux pour nous. Nous avons sans cesse répété que l'on ne pouvait avoir ni l'une ni l'autre de ces deux choses sans avaler notre réforme douanière ! »

Autre variation sur le même thème : M. Balfour, le leader du parti unioniste, en garçon de restaurant, apporte sur une assiette une miche de pain ridiculement petite, à peine de la taille d'une brioche. En légende :

En voyant ceci, souvenez-vous que M. Balfour et les tories sont en faveur des taxes sur les denrées alimentaires, et ces taxes vous annoncent la petite miche.

Ce qui signifie que l'on aura un tout petit pain pour le prix actuel d'un gros.

L'Allemagne est protectionniste ; aussi une affiche libérale nous montre une ménagère anglaise dans la boutique d'un épicier allemand, — qui fume une énorme pipe de porcelaine et porte une paire de lunettes, naturellement.

« Vous ne pouvez, lui dit-il, avoir une miche de pain blanc de quatre livres pour douze sous dans ce pays. Je vous donnerai pour ce prix une miche de trois livres de pain noir, si cela vous va.

— Mais non, cela ne fait pas l'affaire. »

Ainsi, l'unionisme, c'est la réforme douanière, et la réforme c'est le pain cher : voilà le grand argument en faveur des libéraux. Ils ne se lassent pas de le présenter sous des formes différentes.

M. Chaplin, en costume de pêcheur, et portant : « Réforme des tarifs » sur son chapeau, est debout à côté de son bateau, sur lequel est écrit : « Réforme douanière. » Il engage la conversation avec un ouvrier en ces termes :

M. CHAPLIN. — Belle journée pour une partie de pêche. N'aimeriez-vous pas à venir faire un tour dans mon bateau et à essayer d'attraper quelques « Gros salaires » ?

L'OUVRIER. — Quel appât employez-vous ?

M. CHAPLIN. — Des Taxes sur les Denrées alimentaires.

L'OUVRIER. — Non, merci ! Le poisson ne vaut pas l'appât : c'est employer un hareng pour attraper une sardine.

Citons pour mémoire quelques affiches moins inté-ressantes sur la marine, contre la Chambre des Lords, et nous avons l'aspect général de la campagne libérale. Passons aux affiches unionistes ; la riposte est audacieuse : un lion se tord sur le sol, étouffé par un gigantesque serpent sur lequel est écrit : « Libre échange ; » un aigle attend pour se repaître du cadavre du lion, et en gros caractères : « On tue le lion britannique. »

Voilà le motto : « Le libre échange tue l'Angleterre. » Nombreuses sont les illustrations. Regardez cette belle route toute droite ; un poteau nous apprend qu'elle conduit à la suprématie commerciale. Deux voitures y sont engagées. L'une d'elles est un vieux cabriolet attelé d'un cheval étique, « le Libre échange. » John Bull y est assis, lisant sottement le budget de M. Lloyd George. Il ne voit pas qu'il est dépassé par une rapide automobile où quatre personnages se moquent de lui : un Américain, un Allemand, un Russe et un Français.

Plus dramatique encore : cette fois, John Bull est gardien de nuit à la porte d'une usine, « l'Industrie britannique. » Il a allumé un feu, « le Libre échange, » et s'est endormi à sa chaleur, le malheureux ! Pendant ce temps, nos quatre compères de tout à l'heure se sont introduits dans l'usine et se sauvent emportant un paquet, « le Capital anglais. »

Certaines affiches sont destinées à rendre plus

sensibles, à l'ouvrier en particulier, les inconvénients du libre échange : devant la porte d'une usine, deux ouvriers sont arrêtés ; l'usine est fermée, les ouvriers sont « sans travail » ; une notice les invite charitablement à émigrer. Voilà ce que signifie le libre échange : fermeture des usines ruinées par la concurrence étrangère, et l'ouvrier jeté sur le pavé va grossir l'armée des sans-travail.

Une grande composition symbolique développe cette thèse : à gauche, un patron ruiné et un ouvrier sans travail méditent tristement devant un paquebot qui décharge des marchandises hollandaises, allemandes, russes, danoises, etc. C'est le libre échange. A droite, devant une usine prospère, un ouvrier et un patron joyeux également se serrent la main : l'un porte des hautes payes, l'autre ses gros bénéfices : c'est la protection.

Ces affiches s'adressent à la classe ouvrière. D'autres sont destinées à émouvoir surtout les bourgeois, en dénonçant l'alliance du ministère libéral avec le socialisme : le nouveau budget de M. Lloyd George est considéré par les conservateurs comme un budget socialiste, à cause des impôts qu'il établit sur les successions et sur les propriétés.

GARE AU SOCIALISME !

John Bull, furieux, regarde avec colère trois petits maraudeurs qui tremblent devant lui; ils viennent de tuer un poulet, « l'Industrie britannique, » qui gît à terre. Savez-vous quels sont ces trois petits gredins ? Chacun porte son nom écrit en toutes lettres : ce sont le Libre échange, le Radicalisme et le Socialisme. Quel est le coupable ? demande la légende.

Voici l'arrivée d'une course furieuse : M. Asquith sur le cheval Libéralisme, et M. Keir Hardie sur le Socialisme, sont *dead head* au poteau ce sont deux compères.

Ce pauvre John Bull passe un mauvais quart d'heure. Le voici ligotté sur le pont d'un vaisseau. Ses liens, ce sont les élections de 1906 : deux pirates, sous les traits de M. Lloyd George et de M. Winston Churchill, hissent au mât un drapeau noir paré d'une tête de mort où on lit : « Confiscation, » et John Bull soupire : « Si seulement j'étais libre de nouveau ! »

A combien de tortures il est soumis ! Nous le retrouvons écrasé entre les plateaux d'une presse que M. Lloyd George serre vigoureusement. Ailleurs, c'est un malade entre ses deux médecins : MM. Lloyd George et Asquith, qui lui déclarent outrageusement :

« Ce que nous voulons, c'est votre argent. »

Et naturellement ce pauvre John Bull tressaute.

Il est au restaurant. Le garçon, M. Asquith, lui sert un plat sur lequel est écrit : « Radicalisme; » on soulève le couvercle, et une vapeur fétide s'en échappe : elle se nomme Confiscation, et l'infortuné John Bull de s'écrier, en se bouchant le nez :

« Ce sont des œufs d'élections ! »

Lisez les œufs qu'on ne craint pas de jeter, en temps d'élection, aux candidats impopulaires : des œufs pourris.

John Bull rentre chez lui ; mais en se mettant à sa fenêtre il voit que des brigands le guettent : l'un est M. Churchill, porteur d'une hache : l'injure ; l'autre, M. Lloyd George, avec une massue : les impôts ; le troisième, M. Asquith... John Bull n'ose plus sortir.

La bête noire des conservateurs est M. Lloyd George : le voici sous l'aspect d'un renard. Il s'est glissé dans le poulailler, d'où s'enfuient toute une volée de coqs et poules qu'il voudrait bien attraper et qui se nomment : Capital, Banques, Commerce, etc.

Enfin, dernier trait, c'est le diable : tout rouge, la tête surmontée de deux cornes, le pied fourchu, il poursuit et frappe de son trident le commerce britannique. Après celle-là, nous pouvons tirer l'échelle.

Ces affiches, aux couleurs éclatantes, ont toutes les qualités d'humour qui caractérisent l'esprit anglais. Leur verve égaye certainement une élection. Elles ont d'autres mérites : les formules qu'elles illustrent et la composition des dessins montrent cette science de l'action psychologique qui caractérise la publicité anglo-saxonne.

J'ai insisté un peu longuement sur cette série d'affiches, pour donner une idée nette de ce qu'est une *campagne de Publicité politique* ; mais je passerai plus rapidement sur des formes de Publicité très familières à nos voisins et presque inconnues chez nous.

PUBLICITÉ COLONIALE

Les colonies anglaises font carrément et simplement de la Publicité, par annonces dans les journaux et par affiches, pour attirer les émigrants. Les gouvernements consacrent chaque année une somme importante à leur budget de Publicité. L'agriculture manque de bras, et plus encore dans les pays neufs que dans les anciens. Le développement de contrées comme le Canada, l'Australie, n'est retardé que par l'insuffisance de la main-d'œuvre. Toutes ces terres offrent des ressources naturelles infinies : leur développement économique stupéfiera le monde, quand elles auront pu se procurer des hommes.

Elles ne cherchent pas de l'argent, mais des bras robustes. La richesse que peut leur fournir l'ancien monde et qu'elles se disputent avec acharnement, c'est l'émigrant.

Comment attirer vers elles l'émigrant? Comment distancer leurs rivales et détourner vers elles le flot humain? C'est le problème vital qui se pose aux pays neufs. Et ils font appel fort sagement à la grande force qui régit aujourd'hui l'opinion, à la Publicité.

Ils publient des annonces, des brochures exposant clairement, brièvement, tous les avantages des pays neufs, les moyens de s'y rendre, de s'y établir, les chances que l'on a d'y faire fortune. Il y a quelque temps, le gouvernement australien a acquis, au cœur de Londres, sur Aldwych, un terrain où il a fait bâtir un palais. En attendant qu'il fût édifié, il a voulu profiter de cet emplacement admirable pour la Publicité. Il a édifié un immense portique en planches, qui portait au fronton l'inscription suivante : *Le message quotidien de l'Australie.*

Au-dessus, on écrivait chaque jour, en lettres de grande taille, une brève phrase que lisaient en passant des milliers de personnes.

En voici quelques exemples :

« L'Australie est le pays le plus sain du monde ; la mortalité y est plus basse qu'en aucune autre contrée.

« Les chemins de fer que l'on construit dans l'Australie du Sud vont ouvrir à l'agriculture trois millions d'acres d'excellente terre à blé, qu'on peut acquérir.

« De tous les continents, l'Australie est celui où le climat est le plus tempéré ; c'est le pays du soleil. »

Ainsi, jour par jour, l'Australie entretenait, à Londres, l'idée qu'elle était le pays idéal pour quiconque a l'idée d'émigrer.

N'y a-t-il pas là aussi une *suggestion* utile pour nos colonies, si inconnues en France et où si peu de Français vont se fixer ?

PUBLICITÉ DES VILLES

A côté de cette Publicité de pays, on pourrait mettre la Publicité de villes. Il n'est guère de ville neuve aux États-Unis qui n'ait son budget de Publicité et n'utilise la réclame pour attirer industriels et habitants de tout genre. On trouvera plus loin la description d'une de ces campagnes [1]. Les villes d'eaux et stations d'été commencent du reste toutes à suivre cet exemple.

Voilà toute une série de « campagnes » qui pourraient être imitées avec profit chez nous. Citons encore quelques publicités étrangères dont l'exemple peut être profitable.

PUBLICITÉ D'UNE COMPAGNIE D'OMNIBUS

La *Compagnie générale des Omnibus* de Londres a entrepris de faire connaître aux habitants de la ville, par une série d'annonces paraissant dans les grands quotidiens, les services qu'elle rend. Elle indique les lignes qui conduisent de tous les points de la périphérie au centre de la ville; elle énumère, au contraire, toutes les excursions et promenades que l'on peut faire en partant du centre; elle indique les prix des trajets, jusqu'où l'on va pour deux sous, les combinaisons d'itinéraires, etc. Elle a même cru utile de consacrer quelques annonces à faire connaître au public comment il faut se servir des autobus, éviter les accidents en y montant, en descendant, en traversant les rues.

[1] Voir page 221.

PUBLICITÉ DE COMPAGNIES DU GAZ

En même temps, d'autres grandes compagnies anglaises employaient la Publicité pour conquérir la faveur du public en l'instruisant : l'*Association britannique du commerce du Gaz* faisait une campagne des plus remarquables pour rendre populaire le chauffage et l'éclairage au gaz, campagne reprise et soutenue par de nombreuses compagnies du gaz, dont quelques-unes avaient pourtant un monopole.

Cette campagne reposait tout entière sur l'*argument humain* : la chaleur et le confort que donnent le chauffage et l'éclairage au gaz ; pas un mot contre l'électricité ni les autres moyens de se procurer chaleur et lumière. On avait eu la sagesse d'éviter toute polémique.

Voici quelques clichés de la série qu'on a vu paraître dans journaux et magazines anglais :

Deux voyageurs reviennent de voyage. En entrant dans leur maison, ils allument une cheminée au gaz ; texte : « Avec le chauffage au gaz, vous avez en quelques minutes un appartement chaud et agréable. Un feu au gaz peut être allumé instantanément, et il donne aussitôt une chaleur qui peut être réglée ; il ne salit pas, ne fait pas de fumée, ne donne pas de travail ; on peut l'éteindre en un instant et supprimer toute dépense inutile. »

Autre cliché : Une malade dans un fauteuil, devant une cheminée au gaz ; le médecin est debout à côté d'elle. Texte : « Les médecins recommandent le chauffage au gaz, parce que, etc. »

Autre cliché : Un monsieur, dans son cabinet de travail, fume, dans un bon fauteuil, en lisant, les pieds devant une cheminée au gaz. Texte : « Un bon feu de gaz dans un cabinet de travail le rend confortable ; il est toujours prêt à chauffer quand on a à lire ou à écrire, sans avoir besoin d'être préparé, etc. »

Autre cliché : Une dame à sa coiffeuse, dans son cabinet de toilette ; une cheminée au gaz. Texte : « Notre climat anglais est si variable, les changements de température sont si brusques, que l'on a besoin d'une cheminée au gaz dans un cabinet de toilette, etc. »

La série comprend : la nursery des enfants, la chambre des vieillards, le hall d'un hôtel, le salon le soir, les automobilistes qui rentrent, le chasseur à l'auberge, la salle à manger, etc.

Il est impossible de mieux faire comprendre les avantages du chauffage au gaz. Cette campagne, si bien conduite, ne nous en suggère-t-elle pas d'autres analogues, qui rendraient les mêmes services ?

PUBLICITÉ DE COMPAGNIES D'ASSURANCE

Les compagnies d'assurance anglaises et américaines font des campagnes de Publicité très bien conduites, reposant également sur l'*argument humain*.

On voit, par exemple, dans un de leurs clichés, un paysage d'hiver, la désolation du froid et de la neige. Texte : « Votre famille est maintenant préservée du froid et du besoin. Mais si vous mouriez, serait-elle à l'abri ? Assurez-vous sur la vie, etc. » De jolis enfants jouent dans une nursery confortable... Texte analogue.

Par des arguments semblables, des banques de dépôt, qui équivalent à nos caisses d'épargne, ont pu faire décupler le nombre de leurs déposants en Amérique.

Nos caisses d'épargne ne bénéficieraient-elles pas de telles campagnes ? Des lois, des institutions salutaires, presque inconnues du gros public, ne pourraient-elles être popularisées de la même manière ? Citons, par exemple, les habitations à bon marché.

Les grands services publics, les entreprises financières, les théâtres, les éditeurs de livres, pour ne citer que ces exemples pris dans des domaines différents, usent encore en France de méthodes surannées lorsqu'ils veulent porter à la connaissance du public ce qu'ils lui offrent. Il y aurait, pour eux et pour bien d'autres, un immense avantage à utiliser franchement la Publicité, *dont ils ne peuvent se passer complètement,* et au lieu d'employer des réclames masquées, ternes, vides, à mettre sur pied des campagnes nourries de faits, documentaires, dans le genre de celles que je décris dans ce volume.

____

IV

CE QU'EST UNE CAMPAGNE DE PUBLICITÉ

Qu'entendons-nous exactement par campagne de Publicité? Cette expression désigne un ensemble d'opérations, une combinaison de moyens de publicité, destinés à conquérir la faveur du public. On groupe, pour arriver à ce résultat, plusieurs modes d'action ; on détermine au début les forces, en argent les crédits dont on dispose ; on choisit le public qu'on veut atteindre, le territoire sur lequel on opérera, le temps que l'on consacrera à cette entreprise. On arrête enfin une tactique, un plan, une progression.

CONCENTRATION ET COMBINAISON

Ce qui caractérise, on le voit, la campagne, c'est une sorte de concentration, d'organisation autour d'une idée centrale, qui permet d'agir avec plus d'énergie et d'obtenir des résultats décisifs et immédiats.

Deux pays peuvent être longtemps en état de guerre ; mais une campagne menée par un bon général oblige l'ennemi à capituler en l'atteignant dans ses œuvres vives. De même une maison de commerce peut avoir, des années durant, un budget de publicité, faire passer régulièrement des clichés dans les journaux, envoyer des catalogues, etc. Mais si elle se décide à « faire une campagne », elle donnera un effort dont elle obtiendra certainement un résultat immédiat et marqué, si elle sait s'y prendre.

La « campagne » est l'essence même de la Publicité, comme la bataille est l'acte décisif de la guerre. C'est pourquoi nous croyons utile de lui consacrer une étude spéciale.

Il existe bien des sortes de campagnes de Publicité : pour les faire mieux connaître et faciliter le choix de la meilleure, — ce qui est notre but, — nous allons passer en revue les principales variétés et les classer, en nous plaçant successivement aux différents points de vue auxquels peut se trouver un industriel ou un commerçant.

EXTENSION DE LA CAMPAGNE

Au point de vue de l'*extension* d'abord : on ne peut tracer des plans de publicité dans l'abstrait et l'absolu. Bien des maisons, tout en reconnaissant l'utilité de la réclame, ne peuvent lui consacrer qu'une somme assez modique. Il leur faut donc se limiter : comment le faire sans tomber dans une publicité inefficace ?

J'ai indiqué, dans un précédent volume[1], les règles générales qui doivent présider à l'établissement de toute campagne de Publicité : je n'y reviens pas ici. Les différents véhicules de la publicité sont plus ou moins coûteux. Si les industriels ou commerçants qui disposent de gros budgets peuvent les combiner tous de manière à obtenir le maximum d'effet, d'autres doivent renoncer à tout mettre en œuvre. Je vais indiquer quelques moyens de réduire ses dépenses tout en obtenant un rendement.

CAMPAGNE RÉGIONALE

On peut très bien faire de la *Publicité régionale* : commencer par une ville, par sa ville, si on habite la province, continuer par son département, puis par les départements voisins. On y trouve une double économie : en effet, l'organisation commerciale et la production, qui doivent marcher du même pas que la Publicité, se trouvent ainsi réduites également. On a en outre l'avantage de pouvoir essayer les méthodes de publicité qui donnent le meilleur rendement, et, lorsqu'on s'aventure sur un champ plus vaste, on opère à coup sûr.

[1] *Comment il faut faire de la Publicité*, p. 209.

4

On peut enfin faire de la *Publicité directe*, c'est-à-dire s'adresser au public par l'envoi de lettres, de brochures, etc. Bien comprise, avec un emploi sérieux du relancement, cette publicité peut avoir les meilleurs résultats.

Je puis citer ici une série de lettres envoyées par une modiste, qui sont un modèle de ce genre de campagnes.

Ces lettres sont tirées sur un papier à lettres de fantaisie, genre toile, couleur bleu ou brun, absolument semblable à celui que peut employer une femme élégante. Elles sont en « écriture à la main », photographiée et clichée, afin de leur donner une allure personnelle. En voici le texte :

Samedi.

Madame,

Depuis cinq ans que j'ai commencé à prendre place parmi les grandes modistes de Paris, j'ai bien souvent regretté de n'avoir pas l'honneur de vous compter parmi ma clientèle. Je désire tellement être admise à vous coiffer, que je me permets de vous écrire et de solliciter une visite.

Que vous soyez ou non disposée à faire dès maintenant vos achats de saison, je serais ravie de vous montrer les délicieux modèles que nous venons de créer.

En toute sincérité, je ne crois pas qu'il se fasse rien de plus beau à Paris.

Ne m'entourant que de collaboratrices qui, ainsi que moi-même, ont fait leurs preuves dans les toutes premières maisons, je puis vous assurer que mes chapeaux sont toujours dans le mouvement de la plus haute élégance.

Ma signature lutte partout victorieusement avec les plus connues.

*J'espère que vous voudrez bien me donner l'occasion de
vous en convaincre.*

*Veuillez agréer, Madame, je vous en prie, l'hommage très
respectueux de mon parfait dévouement.*

Mercredi.

Madame,

*Un article de réclame dans le Figaro coûte de trois à cinq
mille francs. Dans les autres journaux mondains, le tarif
est à peu près pareil.*

*D'autre part, les couturiers et les modistes qui habillent
ou coiffent les actrices en vue sont obligés, vous ne l'ignorez
point, de le faire gratuitement, et ils sont obligés, en outre,
de payer des sommes folles pour que les journaux citent
leurs noms et chantent les louanges des robes et chapeaux
ainsi fournis.*

*De même pour les toilettes exhibées aux courses par des
personnes à la solde de certaines maisons.*

*Pour ne parler que de ce qui se passe chez les modistes,
ce genre de publicité augmente souvent, dans les grandes
maisons, le prix de revient de 50 à 100 francs par chapeau.*

*Naturellement, ce sont des frais payés, en fin de compte,
par les clientes, et qui pour elles sont bien inutiles, puisqu'ils ne sont représentés ni par la beauté des marchandises,
ni par le talent des premières de l'atelier.*

*Si ma maison se classe aujourd'hui parmi les cinq ou six
principales de Paris, ce n'est pas à ces méthodes coûteuses
pour la clientèle que je dois mon succès.*

*Madame, j'ai eu l'honneur de vous écrire déjà. A nouveau,
je me permets de solliciter votre visite, et de vous assurer
que vous me trouverez infiniment désireuse de vous donner
satisfaction.*

*Mes chapeaux ne cèdent le pas à aucuns autres ; mais,
comme ils ne sont grevés d'aucuns frais généraux inutiles,
je puis les donner meilleur marché que partout ailleurs.*

*Je suis votre servante, Madame, toute dévouée à vos
ordres.*

Mardi.

Madame,

*Par deux fois déjà, j'ai pris la liberté de vous écrire pour
vous faire mes offres de service.*

*Si j'insiste un peu, pardonnez-moi, je vous en prie, à
cause du grand désir que j'ai de me mettre à vos ordres.*

Entre des mains qui ne seraient pas guidées par le goût le plus sûr, la mode des chapeaux, cette année, tournerait facilement au grotesque.

Mais, mes clientes à moi reconnaissent toutes, je crois, que je ne les mènerai jamais à cet écueil.

Comme j'ai le très grand honneur de coiffer Sa Gracieuse Majesté, la jeune reine d'Espagne, et nombre d'autres grandes dames, qui me font confiance; comme, d'autre part, je fais beaucoup le chapeau chic et simple à prix modéré, je suis convaincue que, quels que soient vos goûts, j'arriverai à vous donner pleine satisfaction.

Et, dans l'espoir de vous compter par la suite parmi ma clientèle, je vous livrerai bien volontiers un premier chapeau à prix coûtant, si vous voulez bien venir le choisir.

Justement, nous avons en ce moment un nombre considérable de modèles tout à fait exquis.

CE QU'IL NE FAUT PAS FAIRE

On peut se limiter en choisissant un mode de Publicité ; mais voici, en tout cas, ce qu'il ne faut pas faire :

1° Parce que les grands journaux sont chers, se rabattre sur les petits organes à bon marché. Un seul *Écho*, dans un grand journal très lu, peut vous amener des clients, et vous en amènera. Cent lignes en dix fois, dans une feuille de chou, seront absolument perdues. Il ne faut pas, en Publicité, procéder par petits paquets, par demi-mesures. Ce qu'on fait, il faut le faire bien. Si l'on choisit la Publicité par journal, qu'on prenne les bons emplacements, dans un journal très lu, s'adressant au public qui vous convient, et qu'on se limite sur la quantité. Qu'on renonce aux autres modes de Publicité. Si on fait des imprimés, qu'ils soient luxueux, envoyés comme lettres. De même pour l'affiche.

En un mot, seule la Publicité de première qualité est économique, et c'est une bonne méthode que de mettre tous ses œufs dans un bon panier.

2° Ce qu'il ne faut pas faire, c'est d'adresser sa Publicité aux détaillants et de les encombrer d'un produit sans avoir créé une demande dans le public par une Publicité générale.

3° Ce qu'il ne faut pas faire non plus, c'est de créer cette demande sans en avertir les détaillants et sans les fournir.

4° Ce qu'il ne faut pas faire, c'est de provoquer des demandes de renseignements, d'échantillons, d'envois directs sans être en mesure d'y satisfaire aussitôt et parfaitement.

LA CRÉATION D'UN BESOIN

Au point de vue de l'organisation des campagnes, il faut encore faire les distinctions suivantes :

1° On peut faire de la Publicité pour un objet dont le besoin et la consommation existent déjà partout : par exemple, du savon.

2° On peut, au contraire, vouloir créer un besoin et introduire l'usage d'un objet nouveau : par exemple, un mets nouveau, une invention (un porte-plume réservoir).

Il est évident que, dans le premier cas, il est inutile d'insister longuement : par exemple, sur la commodité et l'emploi du savon. Il faudra insister sur les avantages de votre marque.

Dans le second cas, ce serait perdre son argent que de faire campagne pour la marque avant d'avoir indiqué l'emploi et les avantages de ce genre de produit en général.

Cette distinction très nette n'est cependant pas aussi absolue qu'on pourrait le croire au premier abord. Le marché a plus d'élasticité qu'on ne le pense, et la réclame faite pour plusieurs marques d'un produit a toujours eu pour effet d'augmenter la consommation de ce produit. La Publicité faite pour les marques de thé a accru la consommation du thé ; si l'on faisait de la réclame pour des marques de café, on boirait sans aucun doute plus de café en France.

ACQUISITION DE CLIENTS OU ACHAT UNIQUE

Il faut distinguer encore les campagnes de Publicité qui sont faites pour acquérir des clients et celles qui ne visent qu'à un seul achat. Les premières sont celles qui constituent la Publicité la plus honorable ; les secondes sont quelquefois douteuses et sont le côté fâcheux de la réclame.

L'équilibre financier des deux campagnes est complètement différent. Il se peut que le fabricant d'un excellent savon dépense en publicité cinquante centimes pour vous faire acheter un pain de cinquante centimes. Il perd donc sur cet achat ; mais il compte sur la supériorité de son produit pour faire de vous un client. Vous en achèterez peut-être toute votre vie, vous en ferez acheter autour de vous : de là le bénéfice.

Je connais au contraire un tailleur qui déclarait : « Lorsque j'aurai habillé une fois tous les imbéciles de Paris, j'aurai fait fortune. » Toute sa Publicité était organisée pour attirer un acheteur, — qu'on ne voyait qu'une fois. Mais sur cette unique affaire le bénéfice avait été énorme ; c'est du reste pour cela que le client ne revenait jamais.

NOTORIÉTÉ GÉNÉRALE

Glissons sur cette Publicité ; mais notons qu'on peut faire une campagne pour une occasion unique, où elle doit produire tout son effet, ou au contraire pour une maison qui dure et bénéficie par la suite de la notoriété même qui n'a pas déterminé d'achat pendant la campagne.

Supposons que nous ayons à vendre un château, un tableau, etc. Le bénéfice de la Publicité doit être réalisé tout entier le jour de la vente. Si au contraire un grand magasin fait de la réclame pour une exposition, une mise en vente de soldes, etc., cette réclame portera même sur ceux qui ne se rendront pas au magasin au jour dit et sera utile pour l'avenir.

Les industriels, les fabricants, qui calculent le rendement d'une campagne par le chiffre de vente qu'elle leur a rapporté, doivent tenir compte dans leurs évaluations de ce coefficient de notoriété générale.

Distinguons encore au point de vue de la Publicité les produits que l'on peut acheter immédiatement et sur le vu de la réclame, et ceux au contraire où la Publicité ne peut que provoquer une démarche des acheteurs possibles.

On achète un stylographe, une jumelle, un savon après avoir lu une annonce bien réussie ; s'il s'agit d'un groupe électrogène, d'une maison de campagne, d'une automobile, on va voir... Dans le premier cas, il faut donc faciliter l'achat, essayer d'agir sur le déclanchement de la volonté. Dans le second cas, il faut au contraire provoquer avant tout l'intérêt, graver le nom, les qualités de ce qu'on offre dans l'esprit de l'acheteur possible. C'est après un premier contact qu'on pourra le travailler pour le faire acheter.

On pourrait encore distinguer entre la Publicité qui s'adresse à une classe spéciale (médecins, officiers, prêtres) et celle qui s'adresse au public en général.

Mais de plus en plus on utilise en Publicité les courants généraux d'opinion et l'on cherche à créer une sorte d'atmosphère. Toutes ces campagnes doivent avoir pour caractère commun de posséder une force de vente. Nous allons rechercher comment on peut la leur donner.

V

LA TACTIQUE DANS UNE CAMPAGNE

J'ai, indiqué dans une précédente étude [1], les principes dont il fallait tenir compte dans la confection d'une annonce de journal ou d'une affiche. Mais, avant de s'arrêter à ces points de détail, il faut trouver la pensée qui dominera toute la campagne : dans la détermination du plan on peut hésiter entre plusieurs systèmes, plusieurs tactiques. Il ne s'agit pas ici d'imposer la bonne école et d'écarter les mauvaises : il y a beaucoup de tactiques ayant chacune ses avantages, et souvent on se trouvera bien de les employer successivement. si on fait plusieurs campagnes.

[1] Voir *Comment il faut faire de la Publicité.*

IL FAUT UN PLAN

Mais ce qui importe, c'est d'en adopter une très consciemment, d'en tirer les avantages, et de ne pas flotter entre plusieurs méthodes sans prendre un parti. On risquerait autrement de tomber dans une incohérence qui se trahirait par de piteux résultats. Je donne plus loin de nombreux exemples de campagnes bien conduites : on démêlera assez facilement dans chacune l'unité du plan. Mais, pour rendre cette analyse plus facile, je voudrais indiquer ici d'abord quelques-uns des systèmes qui se présentent les premiers à l'esprit de quiconque doit préparer une campagne de Publicité.

PRÉSENTATION EXTÉRIEURE

Prenons d'abord ce qui concerne la présentation extérieure.

La rédaction même du texte des réclames, annonces, brochures, etc., peut être personnelle ou impersonnelle, directe ou générale.

Vous pouvez procéder par affirmation, dire : « Le chocolat X*** est le meilleur, » — ou bien : « Les meilleures lampes électriques sont celles qui... or la lampe X*** est dans ce cas, » — et ajouter simplement, à la fin de ces réclames, le nom du fabricant, son adresse, les indications d'usage : « Se trouve dans tous les magasins de tel et tel genre. » Ce genre de publicité comporte très bien l'emploi de raisonnements expliquant la supériorité des produits; il leur donne même une sorte de valeur documentaire et laisse supposer que les faits mis en avant sont reconnus de tous et ont une valeur scientifique générale. Ce mode d'exposition a l'avantage de la brièveté. Il ne manque pas d'une certaine dignité, s'abstenant de tous les artifices de l'interpellation et du boniment du charlatan. Il en impose un peu par la force de l'affirmation.

Il convient à de très extensives campagnes de Publicité, qui doivent produire une forte impression. Il aura des avantages pour des produits exploités par de grandes compagnies, des sociétés par actions, etc. Il sera à recommander dans les domaines où la Publicité est encore un peu inusitée et où elle est regardée avec méfiance. Ce style plaira aux personnes cultivées, distinguées, accessibles aux raisonnements. Se prêtant bien à la sobriété, s'adressant à tout le monde, son emploi est presque obligatoire pour les affiches.

Il a pour inconvénient d'être un peu froid. Vous êtes plus attentif aux paroles de quelqu'un qui s'adresse à vous personnellement qu'à celles de quelqu'un qui parle à tout le monde. De même vous aimez savoir qui parle, et, bien que Pascal ait dit que le « moi est haïssable », vous suivez une *personne* dans ses discours plus facilement que vous ne vous intéressez à des explications dont nul n'a la responsabilité directe et dont vous n'entendez ni ne voyez l'auteur.

Pour remédier à ces inconvénients, il faut essayer de mettre autant de variété, de vivacité et d'attrait qu'il est possible dans ce style.

STYLE DIRECT ET PERSONNEL

Actuellement on semble lui préférer le style direct et personnel. Les annonces se présentent comme une sorte de conversation entre celui qui veut vendre et le public, non pas même le public en général, mais *vous* en particulier. « Avez-vous essayé notre savon? dit une annonce; nous vous en enverrons un échantillon si vous le désirez, nous sommes sûrs qu'il vous plaira, etc. »

C'est un effort pour transporter dans la Publicité l'action personnelle du vendeur. Le texte des réclames reproduit aussi exactement que possible les paroles que vous adresserait un commis de magasin en essayant de vous faire acheter un produit qu'il vous vante.

Ce style direct a son emploi naturel dans la Publicité par lettres adressées à domicile. On ne conçoit guère qu'elles puissent être rédigées autrement, puisqu'elles doivent être un appel direct du vendeur au client. Et pourtant notons, en passant, que l'on reçoit tous les jours, à domicile, des prospectus dont le ton est aussi impersonnel que possible et qui manquent tout à fait de la force de l'appel direct.

Mais on ne peut lancer en France un chocolat ou un savon par lettres à domicile, et la question est de savoir si on ne peut rédiger les annonces de journaux, tirées à un million d'exemplaires, en ce style de conversation. Il est très en faveur en Amérique et en Angleterre ; en France il ne doit, semble-t-il, être adopté qu'avec un peu plus de précautions.

Il se prête à l'effet, au très gros effet, notamment à l'emploi de l'impératif : « Essayez, allez, demandez. » Nous ne méconnaissons pas la force de ces appels. Il a, en outre, beaucoup plus de vivacité et il « porte » davantage.

LE TACT EST NÉCESSAIRE

Mais ceux qui l'emploient doivent posséder beaucoup de tact et ne jamais forcer la mesure. Sans quoi ils donneraient l'impression du bluff, du charlatanisme, et pourraient inspirer la méfiance.

Il est naturel de dire, parlant au public en général : « Vous désirez savoir, avez-vous essayé, etc. » Mais dans des réclames manifestement envoyées à des centaines, à des milliers de personnes, il est maladroit d'écrire : « Sachant que vous êtes très au courant de..., connaissant vos habitudes, etc. » On dépasse ainsi le but. Il faut donc, dans l'emploi de ce style, excellent d'ailleurs, beaucoup de tact. Il se prête bien à la fois aux campagnes très populaires dans les journaux et à la Publicité aristocratique par brochures de luxe, dépliants, lettres envoyées à domicile et tirées à peu d'exemplaires. Dans le second cas, on est tout près de la correspondance privée, et il est naturel d'en garder le ton. Dans le premier cas, on adopte le style de réunion publique [1].

En tout cas, si l'on prend cette tactique de l'action directe, il faut bien en connaître les lois et les exigences. Ayant pris le style de la conversation, il faut le garder et ne pas tomber dans le ton impersonnel et les longues explications abstraites. Si celles-ci sont nécessaires, il faut renoncer à la conversation, sans quoi on aura de véritables absurdités, qui deviendront illisibles, comme elles seraient impossibles à « parler ».

Quelquefois, afin de garder les avantages du style personnel, sans tomber dans l'apostrophe directe du vendeur au client, on emploie l'article, réclame ou annonce signée d'un nom connu ou supposé connu. C'est alors une tierce personne qui fait l'éloge des produits ; elle le fait naturellement avec plus de liberté, et aussi avec plus d'autorité si vraiment elle en possède une. Ce mode de présentation est très employé pour les spécialités pharmaceutiques ou les produits analogues.

L'ATTESTATION

Un genre tout voisin est celui de « l'attestation ». Des personnes ayant fait usage d'un objet écrivent qu'elles en ont été pleinement satisfaites. Ce genre

---

[1] Tous ceux qui font la grande Publicité et parlent à la foule liront avec profit les ouvrages du docteur Lebon sur la *Psychologie des foules*.

de Publicité se prête à l'illustration par le portrait ;
quelques maisons l'emploient exclusivement.

Au lieu d'attestations par des personnes réelles,
quelques fabricants ou commerçants ont lancé des
séries de réclames sous forme de dialogues ou discours de personnages supposés, que des dessins
représentent en train de se servir de leur produit et
d'en éprouver les qualités, ou bien encore en train
de les vanter à des amis.

Il y a, on le voit, des différences très marquées
entre tous ces modes de présentation ; tous ont leurs
avantages et leurs inconvénients. Il importe de voir
lequel convient le mieux au genre d'articles pour
lesquels on fait de la Publicité. Il ne faut pas en
prendre un au hasard et à la légère. Chacun d'eux
implique un style bien déterminé, produit une
impression différente et pèse en quelque sorte sur
toute la campagne. Il faut donc les examiner tous
et choisir après réflexion.

LE PRODUIT OU L'EMPLOI

Une deuxième question importante que l'on doit
se poser est celle-ci : Vaut-il mieux faire porter
l'effort de la campagne sur *le produit* lui-même ou
sur *son emploi* ?

Voici, par exemple, une bicyclette : on peut
faire une campagne sur la machine, ses roulements,
ses tubes, sa fabrication, sa résistance, son prix,
son poids, etc. Dans les illustrations qui appuieront
cette campagne, la personne humaine peut ne pas

figurer. La vue de la machine, des coupes du mécanisme, etc., peuvent être à leur place dans un tel
texte.

Au contraire, on peut faire porter toute la campagne sur l'*élément humain* : représenter des officiers, des sportsmen, des ouvriers, des dames, des
vieillards, des enfants, des prêtres, etc., se servant
de la machine. On peut faire porter l'effort sur la
satisfaction qu'ils en retirent, la facilité et la vitesse
avec laquelle ils roulent dans une montée, un passage difficile, etc. On peut même faire toute une
série de réclames avec les paysages, les monuments
que l'on peut visiter grâce à cette bicyclette.

Les deux plans de campagne peuvent être employés pour des automobiles, pour des appareils
photographiques, pour des machines à écrire, pour
des savons, des ustensiles de pêche, chasse, voyage ;
en un mot, pour à peu près tous les produits.

Nous aurons l'occasion de citer des campagnes
conçues suivant les deux méthodes ; elles sont aussi
différentes qu'il est possible l'une de l'autre. Supposez deux brochures faites pour une maison d'appareils de chauffage central. La première peut ne
parler que de chaudières, tuyaux, radiateurs, tem-
pératures, installation, et ne pas nous montrer un
seul personnage vivant ; la seconde peut ne pas dire
un seul mot de toutes les questions techniques et
représenter les joies de la vie dans un appartement
bien chaud en évoquant tous les charmes d'un intérieur confortable, c'est-à-dire l'aspect uniquement
humain de cette installation.

J'ai trop souvent montré la nécessité de l'élément humain dans la Publicité pour avoir besoin d'y revenir ici. Mais je crois que ce serait une erreur d'oublier l'autre méthode ; chacune peut fournir les éléments d'une campagne. L'élément humain fait surtout appel à la sensibilité ; la présentation de l'objet en lui-même peut agir sur l'intelligence. Il faut, au début de la préparation d'une Publicité extensive, songer aux deux tactiques et les employer autant que possible l'une et l'autre. Dans certains cas, l'une d'elles sera peut-être seule possible ; mais il faut s'être posé la question et ne renoncer à l'une des deux que si vraiment elle apparaît comme hors de propos et plus nuisible qu'utile.

RAISONNEMENT OU OBSESSION

Voici une troisième question, non moins importante, que l'on doit se poser, et c'est sans doute celle sur laquelle les avis diffèrent le plus entre spécialistes. On peut faire une campagne de *raisonnement,* documentaire, où tout est employé pour convaincre, où l'illustration même ne sert qu'à appuyer le raisonnement. Ou bien on peut faire une campagne *d'affirmation, d'obsession,* où on ne cherche qu'à frapper l'attention, à s'imposer à la mémoire.

Un exemple nous fera comprendre la différence des méthodes. Supposons qu'il s'agisse de lancer une lampe électrique. Nous aurons d'abord, ainsi que nous le disions plus haut, deux thèmes :

1° La lampe en elle-même ;

2° L'élément humain (clarté, plaisir de lire, par exemple, éclairé par cette lampe).

Mais nous aurons encore le choix entre deux méthodes de lancement : l'une sera de donner les raisons pour lesquelles cette lampe doit être préférée, en expliquant sa fabrication et ce qui la rend plus résistante comparée aux autres lampes, ou bien en insistant sur les avantages de sa plus grande clarté, de son prix de revient moindre, des économies de courant qu'elle fait réaliser ; l'autre méthode sera d'imposer au public le nom, la marque, l'aspect extérieur de la lampe XXX, sans plus d'explication.

LES DEUX ÉCOLES

Si l'on fait une affiche, on pourra s'efforcer de condenser dans le dessin une sorte de démonstration pour les yeux de la supériorité ; ou bien, au contraire, on pourra choisir une sorte de figure de fantaisie quelconque : une femme, un génie, un démon apportant la lampe. Le dessin ne prouvera rien pour ou contre une lampe électrique ; il conviendrait aussi bien pour une brosse à dents ou un appareil photographique ; mais il peut être frappant et contribuer à faire retenir le nom de la lampe qui figure sur l'affiche.

Il suffit de jeter les yeux sur un journal ou un

mur couvert d'affiches pour voir côte à côte les deux méthodes. Dans certains clichés, dans certaines affiches, on s'est efforcé d'établir un rapport étroit entre les affirmations du texte et le style ou le sujet de l'illustration ; dans d'autres, au contraire, on a plutôt semblé l'éviter, et l'illustration ne vise qu'à l'effet, dont le seul but est d'obliger à lire un nom. Dans les réclames où l'illustration n'existe pas, les uns apportent des raisonnements, les autres un nom, une marque et peut-être une affirmation de supériorité.

Naturellement la seconde méthode est surtout employée pour les marques déjà anciennes, qui estiment qu'elles sont connues et qu'il leur suffit de se rappeler au souvenir du public. Mais on voit cependant un assez grand nombre de maisons ou d'illustrateurs renoncer radicalement et dès le début à la méthode démonstrative et logique.

On recherche alors des « à côté » : on fait appel à l'allégorie, aux personnages de fantaisie, au style décoratif. On voit, par exemple, de nombreuses réclames de parfumeurs employer ce style ; ils ne font aucune allusion à la fabrication de leur parfum ; ils estiment que le nom ne vaut pas la peine d'être illustré et recherchent simplement une belle reproduction de tête de femme, laquelle conviendrait le plus souvent aussi bien pour une marque de cigarettes ou de bijoux.

Il faut reconnaître le côté pratique des annonces ou affiches qui se bornent à rappeler le nom d'une marque connue; elles peuvent être de dimensions assez restreintes, et cependant rester très visibles et lisibles.

Mais il me semble, je l'avoue, que pour le lancement d'un produit on ne doit perdre aucune occasion ni aucun moyen de faire connaître les raisons de le préférer, de fixer ses caractères distinctifs dans l'esprit du public par le style général des réclames. Toutes les qualités que possèdent certaines annonces ou affiches pourraient subsister si le sujet choisi avait en même temps une valeur de Publicité, c'est-à-dire un rapport direct avec la vente [1], cela n'empêche pas que l'on recherche la couleur, l'originalité, la valeur artistique, l'imprévu.

La meilleure Publicité est celle qui donne des raisons. Reconnaissons cependant qu'il y a des cas où cela est difficile, sinon impossible : la démonstration de supériorité pourrait entraîner loin et paraître hors de saison quand il s'agit de question

---

[1] Une des annonces qui ont le mieux rendu en Amérique est celle de la compagnie d'assurances *The Prudential*. Elle est illustrée par une vue du roc de Gibraltar contre lequel des flots viennent battre. En dessous l'inscription : *The Prudential has the strength of Gibraltar* : la compagnie *la Prudence* est solide comme le roc de Gibraltar.

La compagnie dépense 1 million de francs par an pour faire passer cette annonce dans les journaux, magazines, etc. Cette réclame a répandu partout l'idée de la solidité de la compagnie; les deux idées sont devenues inséparables.

de goût, de maison livrant des produits identiques
à ceux de leurs concurrents, etc.

INDIVIDUALISEZ VOTRE PUBLICITÉ

Mais, dans ce cas, il nous paraît que la logique
ne doit cependant pas perdre ses droits. On doit
s'efforcer, dans la composition générale de la Publicité, d'arriver à une unité d'impression qui mette en
valeur, individualise et caractérise d'une manière
intéressante la marque ou la maison que l'on veut
lancer.

Que la publicité vise à la démonstration ou simplement à l'obsession du nom, son style est déterminé à l'avance soit par la nature du produit, soit
par la marque que l'on a choisie, soit par la ville
d'origine, soit par un nom. Que les réclames pour
une huile d'olive de Nice évoquent par leur style,
par les paysages, par les motifs décoratifs, l'olivier
et la Provence. Si une marque renferme le nom de
Napoléon, que toute la Publicité soit en style
empire. etc.

L'IDÉE CENTRALE

Souvent on craint de tomber dans la monotonie
en faisant tout graviter autour d'une idée centrale
unique; mais il nous semble cependant que c'est
cet effort perpétuel vers l'impression forte et unique
qui doit dominer toute campagne de Publicité digne
de ce nom.

Il nous paraît même que la préoccupation de faciliter cette coordination doit déterminer, avant tout lancement, le choix du nom, de la marque, de l'enseigne d'un produit ou d'une maison de commerce. Ils doivent déjà renfermer *une idée* que la Publicité développera et popularisera. C'est, par exemple, selon nous, un nom excellent pour celui d'une maison de thé où l'on vend gâteaux et bonbons que le *Goûter de la Reine*. Toutes les réclames de cette maison pourront être illustrées du portrait de Marie-Antoinette, ce qui leur donnera de la personnalité et du charme. Le style de l'ameublement, de la décoration, des boîtes, de la vaisselle, des imprimés, des réclames, sera le « Louis XVI ». Et cela donnera une impression très nette, très individualisée. Enfin, les souvenirs de Trianon, des goûters de la reine, la délicatesse, le luxe, la recherche qui devaient y présider, évoqueront des impressions favorables, très utiles pour l'établissement qui porte ce nom. Quiconque aura lu ses réclames baignées dans cette atmosphère de l'époque n'oubliera plus cette maison, ne la confondra avec aucune autre et sera tenté de la connaître.

LE BON NOM

De tels avantages doivent faire réfléchir longtemps ceux qui ont à choisir un nom pour un produit ou une maison. C'est une question capitale, à laquelle on ne donne souvent pas l'attention qu'elle mérite. Un nom banal, qui ne se rapporte pas clairement au produit qu'il désigne, long, difficile à prononcer, ne frappera pas, ne sera pas retenu. Un nom *clair*, au contraire, bref, sonore, euphonique, sera un merveilleux véhicule de publicité. Il peut y avoir déjà une fortune en un nom, et une campagne bien menée l'en tirera ; au contraire, un mauvais nom sera bien difficile à populariser. D'autres considérations, celle de la facilité des contrefaçons surtout, doivent jouer un grand rôle dans ce choix ; mais, encore une fois, c'est une décision de la plus haute importance pour l'avenir d'une maison. Les Américains, nos maîtres en Publicité, le savent bien, et de bons noms peuvent être achetés pour des sommes colossales.

Un nom bien choisi peut fournir un thème de Publicité à la fois naturel et frappant et faciliter à l'extrême un lancement.

En un mot, il nous paraît qu'il doit y avoir dans toute la campagne le plus possible de logique et de cohésion entre tous les éléments de la présentation extérieure, et que tout doit découler d'une idée centrale. Comment faut-il choisir cette idée ? C'est ce que nous allons rechercher.

VI

L'IDÉE CENTRALE, FORCE DE VENTE

Nous venons de passer en revue les principaux modes de présentation extérieure entre lesquels doit faire son choix celui qui prépare une campagne de publicité. Il nous faut maintenant examiner ce qui est plus important encore : l'idée centrale sur laquelle doit reposer toute campagne. Ce principe actif doit être une force de vente : c'est-à-dire il doit représenter le mobile qui poussera le public à acheter, qui déterminera un courant d'opinion, qui fera que la campagne « rend ».

Naturellement le choix de ce thème doit dépendre de la nature du produit qu'il s'agit de lancer. Il doit en exprimer la qualité essentielle, l'avantage caractéristique. Opérer, en pareil cas, suivant des règles générales serait faire un vrai contre-sens. Mais, afin de faciliter la recherche même de cet « hameçon », il n'est pas inutile de passer en revue les différents thèmes de publicité sur lesquelles reposent les grandes campagnes qui ont eu du succès, et dont on trouvera de nombreux exemples à la fin de ce livre. On pourra ainsi étudier en théorie et en application la détermination du principe actif d'une publicité.

QUALITÉ

Le thème le plus employé, le premier qui se présente à l'esprit, mais aussi le plus usé, c'est la *qualité*. Aujourd'hui, pour que l'affirmation de la supériorité de qualité porte vraiment, il faut qu'elle repose sur quelque chose, sur quelque argument, sur quelque démonstration. C'est dire que l'argument du « meilleur » ne peut être, dans une campagne de publicité, qu'une sorte d'accompagnement, de basse continue, qui soutient le chant, c'est-à-dire les arguments précis, mais ne peut y suppléer.

Faire reposer une campagne sur la qualité du produit suppose une démonstration soit par analyse et notions techniques, soit par attestation, soit par l'histoire ; bref, toute une méthode didactive. Ou bien, si l'on s'en remet à la force de l'affirmation et de la répétition, il faut un budget formidable permettant d'écraser tous les concurrents.

Notons que le public juge instinctivement la qualité et le rang du produit par la qualité de la publicité. Une campagne reposant sur la qualité suppose, en général, un produit assez cher et dont on veut maintenir les prix. Ce serait une erreur de faire de la publicité à bon marché, par exemple avec des imprimés sans élégance, pour un tel produit. On n'atteindrait pas le public qui tient avant tout à la qualité, et on attirerait des acheteurs qui seraient rebutés par les prix.

Ajoutons enfin qu'il ne faut pas choisir à la légère la qualité comme thème de publicité. Pour porter ses fruits, une telle campagne doit ne pas provoquer un seul mécontentement, sans quoi une contre-publicité s'établit, qui peut ruiner à tout jamais une maison. Au contraire, pour un produit dont on peut vraiment garantir la supériorité, il y a intérêt à faire rouler toute une campagne sur la qualité, appuyée par l'envoi d'échantillons, de spécimens, par toutes les méthodes de dispersion du produit lui-même. On doit viser la constitution de clientèles durables.

BON MARCHÉ

C'est une des forces d'attraction qu'emploie le plus la Publicité. On ne l'oppose naturellement pas à la qualité : il est bien entendu que le produit vanté est aussi bon que tous les autres et cependant coûte moins. Faire reposer toute une campagne sur le bon marché, c'est viser le *nombre* des clients plutôt que la qualité.

Naturellement toute publicité s'efforce de démontrer qu'on a avantage à acheter le produit qu'elle veut lancer ; mais pour des objets de luxe, on évite en général d'attirer l'attention sur le prix. C'est ainsi que, dans les bazars et magasins des quartiers populaires, tous les objets sont marqués en chiffres connus, tandis que, dans les quartiers aristocratiques, dans les magasins les plus célèbres, on ne voit que rarement un prix marqué.

La campagne de publicité roulant sur le bon marché ne fait pas une grande consommation de raisonnement ; elle fournit un argument qui doit être convaincant : le prix, marqué en gros chiffres qui crèvent les yeux. Et afin de faire paraître encore plus bas ce prix, on emploie des artifices connus : on dira **3,95** plutôt que 4 francs, le **3** étant très gros et le **95** tout petit. Une représentation, une description de l'objet l'avantageant dans toute la mesure du possible sans offenser la vérité ni provoquer des réclamations ultérieures, et le prix : voilà le grand arsenal des campagnes roulant sur le bon marché. C'est sur ce type que sont bâtis les annonces, les catalogues, les réclames, les affiches de tous les magasins, de tous les fabricants s'adressant au grand public. Souvent on augmente le bon marché par des rabais, des primes pour les achats par certaines quantités.

Le « bon marché » est un argument puissant de nos jours, le plus efficace auprès de toute une partie du public, la plus nombreuse. Il n'est pas à la portée de tout le monde. Dans notre époque de concurrence, il faut un calcul très serré du prix de revient et une grande habileté commerciale ou industrielle pour arriver à baisser les prix au-dessous de ceux des rivaux. Il est juste de dire que la Publicité, augmentant et rendant plus rapide la vente, vient favoriser les prix bas.

On pourrait diviser presque toutes les campagnes de Publicité en deux classes : qualité ou bon marché. Dans toutes on voit prédominer l'une ou l'autre des deux tendances : effort pour attirer la clientèle riche et maintenir les prix élevés, ou effort pour attirer le grand nombre des clients en baissant les prix. Ce sont deux manières opposées de faire un bénéfice.

QUANTITÉ

Il est intéressant de rechercher les raisons psychologiques sur lesquelles repose le thème de la quantité. Il est employé par presque tous les théâtres et concerts dans leurs réclames. « Ce spectacle fait tous les soirs salle comble... On s'écrase aux guichets... On ne trouve plus une place... On refuse du monde tous les soirs. » La conséquence de ces réclames devrait être de détourner le public d'une salle où l'on s'écrase, étouffe, et où on a toutes les chances de ne pas trouver de place. Malgré cela on considère avec raison que ces affirmations attirent plutôt le public. Cela tient à ce que chacun se fait le raisonnement suivant : « Si tout le monde y va, c'est que le spectacle en vaut vraiment la peine : je veux donc y aller aussi. » De même lorsqu'une fabrique annonce qu'elle vend chaque année tant de milliers d'objets, que sa production augmente sans cesse, lorsqu'un éditeur grossit le nombre de mille d'un roman qui ont été achetés, cela veut dire : « C'est un succès, le jugement du public est favorable, donc c'est bon. »

En outre, on sait qu'on a plus d'intérêt à acheter dans une maison où les produits s'écoulent rapidement et où il n'y a pas de laissés pour compte.

La force de cet argument est incontestable ; il peut remplacer toute autre démonstration. Une fabrique de montres américaines a fait reposer toute sa Publicité sur le chiffre de montres qu'elle vendait non seulement par an, mais par jour et par heure.

A la réflexion, on s'aperçoit qu'au fond cela ne ne prouve rien. Mais il ne faut pas oublier que la Publicité s'adresse aux foules, et que les foules ont une psychologie très spéciale qui rappelle un peu celle des moutons de Panurge. On suit volontiers le courant, les modes ; on veut faire « comme tout le monde ». La maison donc qui réussira à persuader que « tout le monde » achète chez elle aura effectivement tout le monde pour clients. Le public fuit les endroits déserts, où il serait fort bien souvent, pour aller rechercher les endroits où l'on s'écrase. Et les maisons qui se fondent se préoccupent avant tout d'attirer des gens chez elles les premiers jours en les payant au besoin. Le reste du public suit [1]... Ce sont choses qu'il est bon de savoir et de se rappeler.

[1] Voir la *Psychologie des foules*, du docteur Lebon.

ANCIENNETÉ

« Maison datant de... » : de tout temps on a employé ce moyen de se recommander au public. Il est excellent. Tout le monde aujourd'hui sait que le « progrès » nous a apporté, entre autres choses, pas mal de fraudes et des procédés de fabrication expéditifs et économiques, mais donnant des résultats douteux. On espère, dans une ancienne maison, retrouver la conscience, les méthodes, les traditions du bon vieux temps. En outre on se dit, avec raison, qu'une maison qui a duré et prospéré pendant de longues années a dû, tout ce temps, donner satisfaction à ses clients, sans quoi ils l'auraient abandonnée. Enfin on pense que les propriétaires actuels ne risqueront pas de compromettre une réputation solide et ancienne pour accroître leur bénéfice indûment sur une affaire. On va donc chez eux avec confiance. Plus encore que tous ces raisonnements, agit l'attraction instinctive et sentimentale de l'ancienneté, de la tradition, cette tendance à suivre les autres que je signalais plus haut... « C'est une maison connue depuis vingt ans, c'est-à-dire que des milliers de personnes y sont allées... Allons-y aussi. »

Voilà donc une excellente base pour une campagne de publicité ; mais il faut savoir l'utiliser. Il faut rendre cette ancienneté parlante, vivante ; elle peut fournir un style pour la présentation artistique, donner une personnalité à toutes les réclames d'une maison. Une maison de commerce qui date d'un siècle peut nous montrer son ancienne boutique sous l'Empire et utiliser tous les souvenirs et toute la popularité de l'Empire pour sa publicité. Elle peut nous montrer les élégants et les élégantes de la Restauration, de la monarchie de Juillet, du second Empire, de l'époque actuelle, se succédant tous dans son magasin. Elle a les moyens de donner à toute une campagne un charme et une note individuelle qu'imiteront difficilement ses rivaux.

Je cite plus loin une merveilleuse utilisation de l'ancienneté d'une maison pour la publicité : c'est la création de « Johnnie Walker ».

NOUVEAUTÉ

Il est très bon, dira-t-on, de recommander comme thème de publicité l'ancienneté d'une maison, mais cela n'est pas à la portée de tout le monde. Que feront les maisons toutes récentes? Elles utiliseront précisément comme thème de publicité leur nouveauté. En effet, si l'on recherche les bonnes traditions du passé, on a aussi le désir de bénéficier des derniers perfectionnements inventés. Un industriel pourra tirer un argument de ce que son usine vient d'être établie en utilisant les plus récentes découvertes de la science, et qu'elle est munie des machines les plus modernes et les plus parfaites. Les commerçants savent le pouvoir d'attraction qu'exerce le « dernier cri », la « nouvelle du jour », qui, dans des villes comme Paris, sera déjà vieille demain. C'est donc une force d'être jeune, très jeune, et il faut savoir l'utiliser, de même que la vieillesse. Ce qui nous prouve que la publicité est l'art de tirer parti de tout, suivant l'exemple fameux du « seul chocolat qui blanchit en vieillissant ».

Parmi les raisons qu'on a de favoriser les maisons récentes, la première est sans doute celle que nous venons de citer : elles ont un équipement qui doit être parfait. Mais il en est une autre : elles ont une clientèle à se faire; elles doivent donc donner tous leurs soins à bien servir les premiers acheteurs qui se présentent. Chacun sait qu'on ne mange nulle part mieux que dans un restaurant qui vient de s'ouvrir. Enfin il y a une raison sentimentale : la curiosité, le désir de voir du nouveau, de découvrir quelque chose de merveilleux, la passion de l'inédit, sont des sentiments profondément enracinés chez les hommes qui, de tout temps, furent *novarum rerum studiosi*. Tout cela, la publicité doit l'utiliser.

PERSONNALITÉ

Il existe, en Amérique, une fabrique de chaussures dont toute la publicité repose sur la personnalité de M. W.-L. Douglas, son possesseur. On ne nous vante pas la résistance des semelles, on vous apprend que M. Douglas vient d'être nommé gouverneur de

6

l'État de Massachusetts, où sont ses usines. On ne parle pas des cuirs dont sont faits les souliers, on raconte la vie de M. Douglas. On le voit, il y a quarante-cinq ans, en 1869, modeste ouvrier assis devant son établi dans une petite chambre, fabriquant une paire de souliers cousus à la main par jour. Puis voici la vue de sa première usine si modeste, où l'on fabriquait quatre cent quatre-vingts paires par jour ; puis de ses ateliers actuels, d'où sortent dix mille quatre cent vingt paires par jour. Les clichés ne nous montrent pas des souliers, mais tous ils renferment le portrait de M. Douglas, avec de beaux favoris ; ses traits sont aussi connus en Amérique que ceux de M. Roosevelt.

Voilà l'exemple peut-être le plus caractéristique d'une campagne de publicité roulant tout entière sur une personnalité. C'est une leçon à méditer, une indication à utiliser. On ne saurait trop utiliser la force que donne à la réclame l'élément personnel et humain. Ceux qui achètent des souliers Douglas se disent qu'il est impossible qu'un homme aussi respectable, qui a d'aussi beaux favoris et qui est gouverneur du Massachusetts, veuille leur donner une marchandise de mauvaise qualité. Toute sa vie de travail, de labeur heureux, ses progrès, ses succès, sont autant de garanties d'honnêteté. Lorsqu'une annonce impersonnelle déclare que « les souliers X*** sont les meilleurs », vous pouvez rester sceptiques. L'affirmation a une autre force quand elle est signée, quand quelqu'un en prend la responsabilité et *quand vous connaissez ce quelqu'un.*

C'est une campagne de publicité très habile que celle qui fait connaître l'auteur responsable de cette publicité, et le rend assez sympathique pour qu'on ait confiance en lui.

Inutile de dire qu'un procédé aussi simple et fructueux est pratiqué depuis longtemps ; mais il n'est pas utilisé avec autant de suite et de méthode qu'en Amérique, et on n'en tire pas tout ce qu'il pourrait donner.

C'est par application de ce principe qu'un remède est attribué à tel curé qui opérait des guérisons merveilleuses, et dont le portrait figure en bonne place dans les annonces. Tel autre sirop est connu comme celui du D^r X***, telle liqueur comme l'invention du Père Z***. Et la présence de cette personnalité donne de la force aux réclames ; mais elle reste un peu falote et vague.

Quel est l'industriel qui ne reproduit pas sur son papier à lettres ses usines et son magasin ? Application rudimentaire du même procédé, que l'on peut développer. Certes, le public français serait peut-être un peu choqué si la personnalité du producteur s'imposait à l'américaine. Mais, en procédant avec tact et ménagement, on pourrait introduire beaucoup plus de personnalité dans les campagnes de publicité, et elles en deviendraient singulièrement plus productives. Au milieu de toutes ces entreprises anonymes, aux procédés souvent douteux, le public a le sentiment qu'il ne sait à qui il a affaire et que, s'il est volé, il ne saura à qui s'en prendre. L'industriel qui se présentera, se fera connaître, renseignant sur son installation, sa fabrication, le passé de sa maison, ses principes, ses traditions, inspirera forcément confiance.

Et il y trouvera encore un avantage. Toutes les marques anciennes se plaignent des contrefaçons qui reposent sur une similitude de noms; si les véritables propriétaires de la marque se faisaient connaître, introduisaient leur personnalité dans leur publicité, ils déjoueraient bien plus facilement les efforts malhonnêtes des contrefacteurs et des imitateurs de tout genre.

Il y a là la possibilité de renouveler de la manière la plus heureuse cent publicités qui languissent en France [1].

DÉMONSTRATION OU MYSTÈRE

Que la Publicité repose sur la démonstration de la supériorité d'un produit, nous n'avons besoin que de le répéter brièvement ici : bien des fois nous avons eu l'occasion de l'établir par des exemples et des raisons précises.

Mais il nous paraît intéressant de rappeler que nombre de campagnes de Publicité reposent, au contraire, sur un certain mystère. Le prestige des remèdes secrets sera toujours grand. Une fortune a

[1] Je n'insiste pas ici sur la création de personnalités artificielles, en ayant parlé ailleurs (*Comment il faut faire de la Publicité*, p. 156). On trouvera d'ailleurs des exemples par la suite.

été bâtie sur cette simple petite annonce, que tout le monde a lue dans les journaux :

UN MONSIEUR offre gratuitement de faire connaître à tous ceux qui sont atteints d'une maladie de la peau : eczémas, boutons, varices, hémorroïdes, bronchites chroniques, maladies de la poitrine, de l'estomac et de la vessie, de rhumatismes, un moyen infaillible de se guérir promptement, ainsi qu'il l'a été radicalement lui-même après avoir souffert et essayé en vain tous les remèdes préconisés. Cette offre, dont on appréciera le but humanitaire, est la conséquence d'un vœu.

Ecrire à *M. Vincent*, 8, place Victor-Hugo, à Grenoble, qui enverra gratuitement, par courrier, les indications demandées.

Cette annonce fut rédigée jadis pour un pharmacien de Grenoble, par un des maîtres de la Publicité en France, Jules Roques. Elle a fait gagner des millions. Un essai de « démonstration » de la supériorité du sirop dont il s'agit aurait-il produit les mêmes résultats?

Les recettes, procédés, formules remontant à un passé mytérieux et conservés dans le secret auront toujours un attrait. Il est toujours bon de pouvoir donner cette raison pour justifier l'affirmation que nulle autre marque ne peut égaler la vôtre et que nulle imitation ne peut être parfaite. Le secret de la fabrication joue, par exemple, un grand rôle dans la Publicité de la liqueur de la Grande-Chartreuse.

LE SUCCÈS

Lorsqu'on présentait quelqu'un à Mazarin, il demandait :

« Est-il heureux? »

Nous sommes tous comme Mazarin; nous aimons les gens heureux, les gens qui ont du succès. Les hommes, comme les papillons, sont attirés par les lumières, par ce qui brille. On peut fournir de très solides raisons pour expliquer qu'il est plus avantageux d'aller dans des maisons très bien achalandées. Mais on irait même si ces raisons n'existaient pas. On aime bien se fournir dans une maison riche et prospère. Nous aimons mieux parler de notre ami le général que de notre ami le balayeur; nous aimons mieux parler de notre villégiature de quinze jours à la plage élégante que des deux mois passés dans un trou. Cette vanité s'étend aux fournisseurs. Nous aimons que notre tailleur habille des gens « chic ». Si nous possédons une automobile, nous aimons entendre parler des succès de la marque et des personnages illustres qui l'ont adoptée.

Nous sommes flattés de la prospérité des maisons dont nous sommes les clients, et, par suite, nous devenons volontiers les clients des maisons réputées comme vendant cher, beaucoup et « classées ».

Ce sont ces idées que la Publicité doit évoquer. Elle peut le faire par son élégance, par son luxe ou même par sa masse. On voit d'énormes campagnes de Publicité mal conçues, mal exécutées, qui cependant rendent. C'est que le public a eu le sentiment qu'on y avait engouffré des centaines de mille francs, et il a été impressionné.

Mais il est plus avantageux d'arriver au même résultat en dépensant moins. On peut le faire en ne laissant paraître ni une affiche, ni un catalogue, ni une brochure, ni un cliché où on ait paru lésiner, où il y ait quelque chose qui cloche. Une Publicité riche et bien conçue donne l'idée d'une maison « qui marche bien ». Et le client y va sans plus raisonner, ayant le sentiment que la maison n'a pas besoin de lui. C'est ainsi que, dans la prospérité, vous trouvez de nombreux amis et que, dans la pénurie, vous êtes seul.

On pourrait augmenter cette liste de « forces ». Je ne prétends pas qu'elle soit complète ; mais j'ai voulu en suggérer quelques-unes, pour montrer d'abord qu'il faut une tactique, une idée dans une campagne de Publicité et, en second lieu, qu'il est facile d'en trouver une.

VII

UTILISATION DES COURANTS D'OPINION

Nous venons de voir qu'il fallait, dans toute campagne de Publicité, une force de vente. L'action de cette force sera bien plus grande, naturellement, si l'on trouve le moyen d'utiliser pour sa propre Publicité un courant d'opinion déjà existant. On sera porté et entraîné comme un bateau sur une rivière au cours rapide.

Il est naturellement impossible d'indiquer à l'avance les courants d'opinion que l'on pourra ainsi faire servir à ses desseins; ils se forment et disparaissent assez rapidement.

Cependant quelques-uns d'entre eux ont plus de permanence; nous voulons les citer ici, afin d'indiquer plus nettement et plus pratiquement cette manière de renforcer la Publicité.

LE PATRIOTISME

Le patriotisme est une des forces que la Publicité utilise le plus régulièrement. En de certaines périodes elle « rend » merveilleusement. Lorsqu'il existe un courant d'opinion bien marqué contre les importations étrangères, un industriel peut faire avantageusement une campagne reposant sur la « fabrication française » de ses produits [1].

RÉPUTATIONS LOCALES

Indépendamment du patriotisme national, on peut utiliser le patriotisme local et certaines réputations régionales : celles-ci sont exploitables bien en dehors du territoire de production.

[1] Voici une amusante utilisation de la note patriotique par deux maisons de crayons.

La première, une maison anglaise, fit paraître dans les journaux de splendides clichés illustrés du lion britannique et portant comme texte : *Pourquoi acheter des crayons étrangers quand le meilleur crayon qu'il y ait au monde, le « Royal Sovereign », est fabriqué en Angleterre?* Suivent des détails sur ce crayon.

Une autre marque de crayons, le Kohinoor, crut nécessaire de répondre à cette campagne du tac au tac. Elle était en état de désavantage pour employer la note patriotique. En effet, ce n'est pas une marque anglaise; mais elle se tira très habilement d'affaire.

On vit paraître de magnifiques clichés illustrés d'une grande Britannia, en pied, portant comme lance un crayon, et abritée dans les plis du drapeau anglais. Le texte était : *Partout où flotte le drapeau anglais — et tout autre drapeau — le crayon « Kohinoor » est employé en raison de sa supériorité reconnue.*

La difficulté était tournée.

Par exemple, on peut faire en France des campagnes pour des produits provençaux, lorrains, bretons, etc. Mais, ce qui porte mieux encore, c'est l'exploitation de certaines réputations plus spécialisées, les madeleines de Commercy, les pâtés d'Amiens, etc. La Publicité qui ferait valoir ces gloires devrait être surtout collective. Elle pourrait rendre leur prospérité à bien des industries languissantes en France et faire la fortune de villes où souvent périclite un commerce ancien.

Pour ne citer qu'un seul exemple, une campagne collective de Publicité bien conduite en faveur du gant de Grenoble l'aiderait efficacement à lutter contre la concurrence allemande et anglaise. On trouverait aisément cent industries locales en France à qui la Publicité infuserait une vie nouvelle.

L'HYGIÈNE

Il existe actuellement, dans le public, un souci intense d'éviter les maladies contagieuses, de se soigner ; bref, de préserver la santé par tous les moyens possibles. Les médecins sont forcés par leurs clients de les guider dans cette voie, où certains arrivent aux exagérations les plus ridicules. La peur du microbe est devenue chez certaines personnes une véritable folie. Mais, en dehors des médecins de profession, les notions de médecine, d'hygiène et d'antisepsie se sont répandues dans le public, et chacun prétend aujourd'hui se soigner sans diplômes.

La Publicité peut exploiter et exploite largement cette tendance. Les dernières pages des journaux sont devenues de véritables cours de thérapeutique : l'anatomie, la physiologie et la chimie y sont brillamment représentées. Rares sont aujourd'hui les spécialités pharmaceutiques qui se bornent à une Publicité auprès des médecins ; presque toutes créent aujourd'hui la *demande* dans le grand public par une réclame qui s'adresse à lui.

Mais il ne faut pas croire que cette tendance caractéristique de notre époque ne puisse être utilisée que pour les médicaments : il y a là une mine d'or pour les produits alimentaires. En Amérique, de formidables campagnes ont été faites pour « l'aliment pur » ; elles auraient certainement le même succès en France. Pour le vin, le lait, etc., quelques campagnes bien menées, reposant sur les garanties de propreté dans la préparation, sur l'impossibilité de toute falsification, sur la vente directe du producteur au consommateur, auraient, à coup sûr, un résultat fort brillant.

Elles se combineraient, du reste, fort bien avec l'utilisation des réputations locales : vins de Bordeaux, huiles de Provence, etc.

L'ACTUALITÉ

Certains événements produisent dans le public une impression profonde, qu'il est avantageux et facile d'exploiter pour la Publicité.

Au lendemain d'un grand incendie, la Publicité

d'une compagnie d'assurances porte dix fois plus que la veille; après un vol par effraction, les fabricants de coffres-forts, verrous de sûreté, etc., trouvent un terrain tout préparé. Au moment où des exploits de bandits terrorisent un pays, les marchands d'armes pourraient utiliser la panique et démontrer la nécessité pour tout le monde d'avoir un revolver chez soi. Certaines découvertes scientifiques, certaines cures merveilleuses sont une occasion de réclame à exploiter.

LES PASSIONS HUMAINES

Ce sont là des principes dont on trouve facilement l'application : toute Publicité, du reste, repose toujours sur l'exploitation de quelques-uns des sentiments qui font agir l'homme. Avant tout, l'*intérêt*, le désir d'acquérir beaucoup en dépensant peu; la *vanité,* que l'on sait utiliser pour les changements de mode; les recherches de l'élégance, que l'on flatte par les références aux clients aristocratiques; l'*ambition*. En un mot, celui qui fait de la Publicité a devant lui tout le clavier des passions, des fantaisies, des besoins, des lubies, des croyances de l'humanité; il choisit les touches qu'il faut enfoncer au moment opportun.

VIII

LA MISE EN SCÈNE DE LA PUBLICITÉ

Lorsqu'une maison fait, pendant de nombreuses années, une Publicité régulière, elle s'aperçoit vite que la grosse difficulté est d'alimenter, de renouveler cette Publicité. Quand je dis qu'elle s'en aperçoit, je crains bien de commettre une erreur : souvent nul ne se préoccupe de varier et de renouveler une Publicité qui, ayant été bonne autrefois, doit le rester, et les mêmes clichés repassent indéfiniment.

IL FAUT DU NOUVEAU

C'est, sans aucun doute, une faute. Certes, la répétition est une force en matière de Publicité, et, d'autre part, il ne faut pas varier sans cesse ses réclames au point de faire oublier l'unité de style de la Publicité d'une maison. Certaines figures familières, certaines créations d'une Publicité peuvent aussi devenir populaires, et on peut avoir intérêt à les faire repasser devant les yeux du public.

Mais, cela étant bien entendu, il reste vrai que la Publicité doit intéresser le public ; que si on y introduit sans cesse des éléments nouveaux qui piqueront la curiosité, on suivra le développement de la campagne : cela retiendra l'attention acquise et empêchera les Publicités concurrentes de porter. D'autre part, une certaine forme de réclames peut laisser indifférentes certaines personnes qui seront touchées par d'autres formes. Les vieux clichés, toujours les mêmes, passant le plus souvent aux mêmes places, ne sont non seulement plus *lus*, au bout d'un certain temps, mais même plus *vus* ; l'œil y est aussi habitué qu'à la manchette du journal, et il glisse sans les apercevoir. Enfin cette monotonie donne l'impression de la routine à ceux qui réfléchissent ; on se sent en présence d'une maison qui s'endort.

Il faut donc renouveler, alimenter la Publicité pour la rendre intéressante. Soyons sûrs que ceux qui ne le font pas n'ont qu'une raison, quels que soient les motifs spécieux qu'ils puissent donner : c'est la paresse et la pauvreté d'imagination qui les paralysent.

Il faut, en effet, quelque imagination pour renouveler fréquemment une Publicité, pour trouver de l'inédit. Et je ne veux pas parler ici de ces inventions bizarres qu'on voit apparaître quelquefois comme « Publicité nouvelles » : hommes sand-wichs extravagants, déguisements, cortèges ridicules. Toutes ces scènes comiques peuvent amuser un instant le public; mais une maison sérieuse ayant une clientèle assez relevée se discréditerait du coup en employant ces moyens de cirque en tournée. Il faut renouveler autrement la Publicité et attirer d'une autre manière l'attention.

LES GRANDS MAGASINS AMÉRICAINS

Prenons comme exemple de bonnes méthodes les grands magasins américains. Ils font de la Publicité *tous les jours* dans les journaux, les uns ayant une page, les autres une colonne. Cet exemple commence du reste à être suivi à Londres, où M. Gordon Selfridge a introduit les méthodes américaines.

On pense que si ces réclames quotidiennes se bornaient à répéter tous les jours que « ce sont les magasins vendant le meilleur marché, ou les mieux assortis, etc. », une telle Publicité serait mortelle.

Cette page ou cette colonne sont conçues et rédigées comme *des rubriques d'information, donnant les nouvelles du magasin.* On y annonce les nouveautés mises en vente, les produits nouveaux que des fabricants viennent de créer et qui font leur apparition, les modèles que l'on vient de lancer; on donne des renseignements sur la fabrication des objets mis en vente, l'origine des importations, etc. Bref, c'est une chronique de la vie du magasin.

A cet égard, nous croyons intéressant de citer une interview, parue dans un magazine américain, du chef de la Publicité d'un des plus grands magasins des Etats-Unis, de Wanamaker, dont les réclames sont justement caractérisées par leur allure très attrayante et originale :

« J'étais, dit-il, d'abord rédacteur en chef du *Philadelphia Record*, et je ne connaissais rien à la Publicité. Toute mon expérience était purement journalistique. On ne faisait pas beaucoup de Publicité dans les journaux de Philadelphie à cette époque-là ; mais, néanmoins, peu après mon arrivée dans cette ville, mon attention fut attirée par les annonces quotidiennes de John Wanamaker.

« Elles étaient parfois d'une colonne, et plus souvent d'une demi-colonne. Mais elles étaient toujours composées en cicéro vieux style ; ce qui, parmi les articles de ce temps-là, les faisait ressortir malgré leur manque de relief. Cela me semblait alors un très bon type d'annonce, pourtant je pensais que j'aurais pu améliorer leur manière de faire.

PUBLICITÉ POUR DU BEURRE

« M. Singerly, l'éditeur du *Record*, possédait un magnifique troupeau de vaches de Holstein dans une ferme située aux environs de Philadelphie. On leur consacrait plus de soins que certains parents n'en accordent à leurs enfants. Elles étaient logées dans des étables en briques, nourries de produits de premier choix, pansées comme des chevaux. Le lait était refroidi scientifiquement, la crème séparée par une machine centrifuge, et le beurre battu de façon à assurer un produit de toute première qualité.

« Il y avait alors à Philadelphie une marque de beurre qui se vendait très bien à cinq francs la livre; mais celui de M. Singerly, parfait sous tous les rapports, qui était mis en vente deux fois par semaine au vieux marché central à un prix raisonnable, ne se vendait pas. Il y avait bien quelques acheteurs, mais pas de clients réguliers.

« — Nom d'un chien! Gillam, me dit-il un jour, pourquoi ne se vend-il ¦pas? Voyez donc si vous ne pourriez pas rédiger une annonce qui puisse faire vendre ce beurre.

« Quand je me mis à examiner l'affaire de plus près, la première chose qui me frappa, ce fut le vieux caractère cicéro des annonces de Wanamaker; nous l'appelions caractère Wanamaker. Puis je me demandai quel argument on pourrait bien employer pour intéresser le public au beurre Holstein. Ceci m'amena finalement à ce qui est, à mon avis, le principe de toute Publicité. *Je me demandai pourquoi, moi ou ma femme ou ma famille, nous emploierions ce beurre.* Parce qu'il était bon, meilleur que tous ceux qu'on pouvait se procurer au même prix. Il s'agissait donc de faire connaître au public sa qualité supérieure.

« Je commençai une enquête sur la race de

Holstein et découvris qu'il y a mille ans elle était déjà célèbre en Europe. Ainsi, quand l'Amérique n'était encore qu'un désert, les troupeaux de Holstein étaient déjà soignés comme des enfants ; c'est d'eux que proviennent les espèces anglaises de Holderness, réputées pour leur beurre.

« Tout cela m'intéressa beaucoup, et j'eus la conviction qu'il en serait de même pour le public. Je conçus alors le plan de trois articles : le premier consacré à l'histoire de la race de Holstein, le second pour raconter son arrivée et son développement en Amérique, le troisième parlant du troupeau de M. Singerly et des méthodes employées à sa ferme pour faire le beurre.

« On fit faire trois clichés des vaches de Holstein ; les articles tenaient une demi-colonne, imprimés en caractères Wanamaker, avec le cliché au milieu.

« Ce sujet était si intéressant, que quiconque commençait à lire continuait jusqu'au bout. La seule Publicité consistait en une ligne composée en caractère différent placée au bas de l'article :

« Du beurre d'un troupeau de Holstein est en vente aujourd'hui, au marché central, au prix ordinaire.

« Un article suffit. A midi, le jour où le premier fut publié, il ne restait plus une once de beurre, et les deux autres articles produisirent une demande excédant la production de la ferme.

PUBLICITÉ POUR UNE OPÉRETTE

« Quelques mois plus tard, M. Singerly me demanda si j'avais des connaissances en musique.

« — Aucune, lui dis-je.

« — N'importe, me dit-il, il y a dans notre ville un nommé Willard Spencer, qui écrit un opéra pour le *Temple Theater*.

« J'ai besoin que vous lui fassiez de la réclame.

« Le Temple Theater appartenait à l'éditeur du *Record,* mais il n'avait jamais fait ses frais. Ce nouvel opéra était *le Petit Taïkoun*. Les Japonais étaient alors un peuple inconnu, et je cherchais dans des livres une masse de renseignements sur eux. J'écrivis cent cinquante filets, décrivant leur vie et leurs mœurs, leur façon de dormir sur un oreiller de bois avec une lanterne allumée près d'eux pour éloigner les mauvais esprits, leur coutume de se donner à eux-mêmes une poignée de mains, etc. Ces filets furent imprimés avec de petites photographies représentant des Japonais plantant du riz, buvant du thé et autres tableaux similaires, et au pied de chaque article se trouvait cette ligne :

« Le *Petit Taïkoun* recevra ce soir au Théâtre du Temple.

« Presque aussitôt le théâtre commença à refuser du monde, et la pièce tint l'affiche plus longtemps que toute autre à Philadelphie. Je fis ensuite une campagne de publicité pour un prestidigitateur...

« Mais tout cela, c'est de la vieille histoire. Je

suis en train de vous raconter des choses qui ne peuvent servir beaucoup aux annonciers d'aujourd'hui. Pour en finir avec mon histoire, John Wanamaker vint un beau jour demander au bureau du *Record* l'homme qui avait rédigé les articles sur le beurre d'Holstein.

« Ma situation au *Record* était telle, que je ne pouvais pas demander mieux, et mes rapports avec M. Singerly étaient ceux d'un fils avec son père. En mon for intérieur, pourtant, je reconnaissais que je n'étais qu'un théoricien en fait d'affaires. J'écrivais des annonces avec assurance, mais c'était uniquement d'une façon théorique. Le meilleur capital que puisse avoir un homme, c'est ce qu'il a dans sa tête. D'entrer en rapport avec la plus grande maison de détail des Etats-Unis, c'était un moyen d'augmenter d'une façon extraordinaire mes connaissances pratiques. Si ça ne me menait à rien d'autre, j'en devais toujours retirer de devenir un meilleur publiciste, grâce à l'expérience que j'y acquérerais. J'acceptai l'offre que me fit M. Wanamaker.

PUBLICITÉ POUR UN GRAND MAGASIN

« Lorsque j'entrai dans mes nouvelles fonctions, j'avais réellement peur des chefs de rayons que M. Wanamaker avait groupés autour de lui. Il me semblait que chacun, personnellement, devait être un aigle en affaires, et leur réunion, une assemblée de petits Napoléons commerciaux. Je découvris pourtant que, tandis que chacun connaissait parfaitement tout ce qui concernait la qualité, le prix, etc., des articles de son rayon, peu, par contre, avaient quelques notions du public et des méthodes commerciales en général.

Ils connaissaient les gens à qui ils achetaient, non ceux à qui ils vendaient. L'organisation de la vente était due tout entière au génie de John Wanamaker. Je ne crains pas de dire qu'il n'est pas bon acheteur ; mais, pour déterminer l'article qui répondra au goût du public, c'est un véritable sorcier.

« La demi-colonne ou la colonne de journal qu'on employait journellement pour notre réclame constituait une forte publicité en 1886. Étant donnés mes dix-huit ans d'expérience en tant que journaliste d'information, il me vint tout naturellement à l'esprit de *traiter la publicité comme service d'informations*.

DES INFORMATIONS

« Je cherchai donc dans le magasin des centres d'intérêt. Le style de mes prédécesseurs avait été vif et animé, mais consistait principalement en une causerie avec quelques prix et quelques phrases pour faire l'article. C'était excellent, et pourtant c'était mauvais. Après avoir éveillé l'intérêt, pourquoi ne pas garnir de chair le squelette ainsi créé? Je fis mettre dans les filets beaucoup plus de prix, et le sujet traité fut varié de jour en jour en vantant successivement un rayon différent. Les nouvelles du magasin, voilà l'idée.

« Parfois nous avions à annoncer une grève dans la bonneterie, d'autres fois une surproduction dans la confection.

« Faire de la publicité dans un grand magasin peut se comparer à récolter des fruits dans un verger. Tout dépend du choix de sujets intéressants. Il y a des gens qui récoltent les fruits mûrs, c'est-à-dire choisissent les choses qui attirent le public, tandis que d'autres ne présentent à leurs lecteurs que des fruits verts ou véreux.

« En ce qui concerne le lecteur, ma théorie c'est qu'il jette un coup d'œil sur l'annonce. Les filets furent donc divisés en petits paragraphes, avec de petits sous-titres pour attirer l'œil et rendre la lecture facile. Chaque filet avait de véritables hameçons, petits points saillants qui retenaient l'attention. Je m'aperçus bientôt de la commodité qu'il y a à composer, dans le magasin même, les petits articles à l'aide d'un service spécial. Ce procédé offrait aussi un autre avantage ; car, en supprimant un mot par-ci, par-là, nous économisions plusieurs lignes chaque jour, et comme le prix de la ligne était, dans tous les journaux, d'environ vingt francs, ce service non seulement ne grevait en rien la maison, mais lui gagnait de l'argent.

« L'un des directeurs de l'affaire, M. Ogden, plaidait avec instance la cause des illustrations. Nous en reconnaissions la valeur, mais ne savions comment arriver à produire assez de dessins pour les besoins quotidiens. M. Wanamaker déclarait qu'il était impossible de produire des clichés intéressants en nombre suffisant; mais M. Ogden ne se découragea pas. Finalement, nous tînmes un conseil de cabinet sur ce sujet, et chacun emporta chez lui une vingtaine d'épreuves pour composer en toute tranquillité des sujets d'illustrations. Aux prix des plus grands efforts, j'en imaginai quatre dont j'étais moi-même honteux. Les autres en firent à peu près autant. Tous parurent puérils; mais M. Wanamaker déclara que l'on commencerait aussitôt qu'on aurait cinquante clichés d'avance. Il nous fallut plusieurs semaines pour atteindre ce nombre, car les idées venaient lentement. Aujourd'hui, je saurais trouver matière à trois cents illustrations dans chacun de ces filets; mais vous devez vous rappeler que nous nous engagions alors dans une voie complètement nouvelle. Nous disposions habituellement d'une colonne par jour; mais quelquefois nous prenions une page, et une fois nous en prîmes deux. Mais, dans ces cas, le lendemain nous nous restreignions à une demi-colonne. L'annonce rapportait simplement les faits divers du magasin. La taille du filet indiquait son importance.

« Une annonce de trois colonnes dans les journaux du matin de Philadelphie représentait immédiatement pour les habitants un événement chez Wanamaker. Ça, c'était une bonne méthode. Je pense aujourd'hui que les nouvelles normales d'un grand magasin peuvent être largement exprimées dans une colonne de journal.

« Il en est des nouvelles d'un magasin comme de celles de l'univers. On ne peut pas tous les jours prendre Port-Arthur, enterrer une reine ou assassiner un président. Si vous le faites, la sensation s'émousse peu à peu. Ce qu'il y a encore de pire, c'est que l'infortuné annoncier doit travailler comme un forçat à raison d'une page par jour, avec le résultat que la publicité devient insipide et routinière.

« De tout ce bavardage, je présume que vous me demandez de tirer une morale pratique. Eh bien, je crois fermement que les méthodes suivies naguère sont préférables aux nouvelles, et qu'il se peut même que nous y revenions par réaction. Le désir d'attirer l'attention par l'énormité de l'annonce et par celle des déclarations qu'on y reproduit est devenu une véritable maladie. Le pain est parfois coupé en tranches si minces, que vous ne pouvez plus sentir le goût du beurre ! La corvée ininterrompue de remplir une page par jour conduit fatalement à l'exagération. Dans une vieille légende orientale, chaque calife en montant sur le trône lançait une flèche, et chacun était censé la lancer plus loin que son prédécesseur. C'est ce que certains essayent de faire aujourd'hui pour la publicité. L'exagération mène bientôt à la démoralisation.

DÉMORALISATION DE LA PUBLICITÉ

« J'admets qu'il y ait une certaine partie du public qui puisse être attirée par des annonces gigantesques

et des formules sensationnelles. A Boston, j'ai aidé
à mettre fin à l'escroquerie d'un coquin qui pro-
mettait aux gens de faire rapporter 25 °/₀ à leurs
capitaux. On avait cru qu'une fois ses manœuvres
dévoilées entièrement, le public ne s'y laisserait plus
prendre. Mais, depuis, nous avons vu offrir 520 °/₀.
J'en arrive maintenant à croire qu'un escroc qui
offrirait 1 000 °/₀ trouverait des victimes. A Philadelphie, il y a longtemps de cela, un marchand de
confections attirait les clients par les annonces les
plus sensationnelles et les plus mensongères. Il semblait bien s'en trouver, malgré sa malhonnêteté. Un
jour, M. Wanamaker lui demanda franchement
pourquoi il persévérait dans une méthode commerciale qui était loin d'être inattaquable.

« — Monsieur Wanamaker, répondit-il avec une
égale franchise, il y a un million d'habitants à
Philadelphie. Dix pour cent d'entre eux sont des
imbéciles, soit cent mille. Si je puis attirer dix
pour cent de ceux-ci, soit dix mille, je fais une
excellente affaire. Et puis, ne perdez pas de vue
que notre population augmente !... »

« Il prospéra pendant bon nombre d'années ; mais
aujourd'hui, à ce coin de rue, il n'y a plus de
magasin de confection.

« Même à présent, au milieu des annonces aussi
sensationnelles que vastes, on en trouve encore de
petites, faites par des maisons qui inspirent impli-
citement une telle confiance au public, qu'elles n'ont
pas besoin de beaucoup de réclame.

« Leur réputation de rigoureuse probité, l'exactitude de leurs déclarations, sont tellement reconnues, qu'en publiant une colonne par jour dans les journaux, ils produisent plus d'effet que d'autres avec une page entière.

« Quand ils disent « 3 dollars au lieu de 5 », le public sait que 5 dollars était réellement le prix de vente de la veille. D'autres maisons ont recours à de petits subterfuges, — et je confesse que je m'en suis servi moi-même, — comme « valeur antérieure 5 dollars », ce qui veut dire en vérité que l'objet a peut-être valu ça au temps de Louis XV ! C'est là le membre malade de la Publicité. J'indique la maladie, mais je vous laisse le soin de découvrir le remède. Par la loi de réaction, il se peut que nous revenions à de plus calmes méthodes. »

On ne saurait trop méditer les sages leçons que contient cette interwiew : elle pose les principes les plus solides d'une saine Publicité. Elle met surtout en lumière *la nécessité générale de nourrir de faits la Publicité.*

IL FAUT CRÉER LES OCCASIONS

Lorsque ces faits n'existent pas, il faut les créer, et c'est la véritable manière de renouveler et d'alimenter la Publicité.

Prenons des exemples : il existe à Paris une salle de bal ; le plaisir qui en constitue l'attrait, la danse, est toujours le même. Mais très habilement on organise chaque semaine une fête, et toute la Publicité porte sur cette fête. De même les grands magasins, à des dates fixes, ont des mises en vente de soldes, d'occasions, des expositions sur lesquelles elles font rouler leur Publicité.

Lorsque de semblables occasions ne se présentent pas naturellement, il faut les faire naître. En d'autres termes, il faut spécialiser sa Publicité et la concentrer sur certains points saillants. De même qu'un fabricant de chaussures devra faire sa publicité tantôt pour les chaussures de chasse, tantôt pour les chaussures de tennis, tantôt pour les souliers de bal, tantôt pour les souliers fourrés, tantôt pour les souliers imperméables, un établissement toujours ouvert ne devra pas faire porter sa Publicité sur son intérêt permanent, mais devra créer des attraits particuliers.

Prenons, par exemple, un *Skating Rink :* il organisera des concours de patinage, naturellement ; mais il pourra très bien organiser des concours d'élégance, de toilettes, de chapeaux pour ses habituées. Il attirera ainsi un public tout nouveau, et il gardera un certain nombre de clients.

Un thé pourra faire préparer le breuvage par un Chinois. Il pourra organiser des reconstitutions du xvii° ou xviii° siècle, selon le style de sa décoration et le patronage sous lequel le place son enseigne. On pourrait faire des expositions de porcelaines ou argenterie pour le thé en style Louis XV, Louis XVI, style anglais, etc.

Une maison de commerce ancienne pourra célébrer son cinquantenaire ou son centenaire. Ce que sera la fête en elle-même n'est que d'une importance secondaire ; mais, à cette occasion, la maison fera passer dans les journaux, illustrés, etc., des articles rétrospectifs décrivant la fête, rappelant l'histoire de la maison avec vues anciennes, etc. Excellente Publicité.

IL FAUT FRAPPER DE GRANDS COUPS

Il faut en Publicité frapper de gros coups sur la grosse caisse. La grande erreur de beaucoup d'établissements, — de théâtres, par exemple, — c'est de faire une Publicité régulière, mince, discrète, par petits communiqués, petites réclames. Il se passe pour cette publicité monotone ce qui arrive pour le bruit régulier d'une machine ou d'un moulin : au bout de quelque temps on y est habitué, et on ne l'entend plus. Au contraire, un bon coup frappé sur la grosse caisse de temps en temps réveille tout le monde. Et la Publicité ainsi concentrée sur certaines occasions peut être intense sans coûter plus cher.

Une des grandes revues parisiennes offre chaque année un grand banquet à tous ses collaborateurs, dont beaucoup sont illustres. Des discours sont prononcés ; on les publie dans tous les journaux, avec la liste des assistants et le compte rendu de la fête : c'est pour la revue une Publicité de premier ordre.

IL FAUT FAIRE PARLER DE SOI

Un des grands principes de la Publicité est celui-ci : *faire parler de soi en accomplissant des actes utiles, remarquables, dont le compte rendu sera intéressant.*

Il arrivera même que l'on peut faire des choses assez marquantes pour que tout le monde soit forcé d'en parler. Dans cet ordre d'idées on peut citer :

Les dons à des œuvres de charité ;

Les subventions à des sports, à des œuvres artistiques, littéraires, etc., les prix donnés à leurs concours ;

Les entreprises d'intérêt général ;

L'expédition de Stanley à la recherche de Livingstone fut une entreprise de Publicité du *New-York Herald.*

Les gratte-ciel que construisent les grandes compagnies américaines sont, avant tout, d'excellentes réclames.

La compagnie d'assurances *The Metropolitan life Insurance Co,* de New-York, a reçu tout près de dix mille découpures de journaux traitant de la hauteur de la tour qui fait de son monument l'un des plus élevés du monde. Un expert estime que ces découpures forment un total de plus de cent cinq mille pouces, soit près d'un million et demi de lignes. Si la société avait eu à payer ces lignes au tarif actuel des journaux, elle aurait dû débourser quatre cent quarante et un mille dollars, soit deux millions deux cent cinq mille francs.

Les immenses paquebots que construisent les grandes compagnies de navigation anglaises et allemandes ont une force de Publicité qui entre certainement dans les calculs de ces compagnies.

Dans les pages qui suivent, on trouvera de nombreux exemples de Publicité bien « mise en scène » ; un des plus intéressants est la campagne de Michelin pour le numérotage des routes.

DEUXIÈME PARTIE

CAMPAGNES DE PUBLICITÉ
FRANÇAISES ET ÉTRANGÈRES

Dans les descriptions de campagnes de Publicité qui suivent, j'utilise en général des renseignements fournis par les chefs de Publicité qui les ont organisées. Toutes les fois qu'ils m'y ont autorisé, je les nomme. Je leur laisse autant que je le puis la parole ; les observations, les conseils que leur suggère une longue expérience ne pourront manquer d'être lus avec intérêt et profit. Lorsqu'ils se sont refusés à figurer personnellement dans ce livre, je me suis permis de dégager moi-même les principes qui avaient guidé ces campagnes.

COMMENT ON LANCE UNE RÉGION

La Publicité des compagnies

de chemins de fer

Je commence par l'étude de la Publicité de nos compagnies de chemins de fer, et c'est à dessein que je débute par un de nos grands services publics. Ils ont été longs à se mettre à la Publicité : celle des compagnies de chemins de fer ne date guère que de vingt-cinq ans. Elle est déjà fort bien organisée, mais avec des lacunes qui montrent qu'il y a encore à faire. Surtout on peut dire que cette Publicité est isolée : les grands services analogues aux chemins de fer n'ont pas suivi leur exemple et ne font guère de réclame. Ils en font à l'étranger, ils en feront en France aussi : cela est nécessaire et logique.

Tous ceux qui vendent quelque chose ont intérêt à en vendre beaucoup. Les compagnies de chemins de fer vendent des kilomètres : elles se sont aperçues un jour qu'elles en vendraient davantage en faisant de la réclame, et les résultats de leurs efforts les engagent à les redoubler. Les compagnies qui vendent du gaz ou de la lumière électrique font de la Publicité à l'étranger, et elles ont raison : elles « créent des besoins » par leurs réclames, augmentant le nombre de leurs abonnés et la consommation. Les compagnies de téléphone font de la réclame à l'étranger, parallèlement avec les fabricants d'appareils. Les caisses d'épargne, les assurances, les caisses de retraite, font de la Publicité à l'étranger. Le besoin d'une telle Publicité se fait cruellement sentir en France, ne serait-ce que pour faire mieux connaître le fonctionnement de ces institutions. Et quand je dis « Publicité », je ne veux pas parler de ces pauvres petits communiqués insérés dans les dernières pages des journaux, ou de misérables avis officiels illisibles et inintelligibles affichés dans les coins obscurs d'un bureau. Non ; je parle de belle et bonne Publicité documentaire, bien présentée, bien illustrée, s'imposant à l'attention et illuminant l'esprit aussitôt, utilisant toutes les ressources de la typographie et des couleurs.

On a vu il y a quelque temps, en France, un timide essai de Publicité illustrée pour le recrutement de l'armée. En Allemagne et en Angleterre, on emploie la Publicité pour gagner le public à la nécessité d'augmenter la flotte, pour lutter contre un impôt sur le revenu ou une loi de retraites ouvrières, etc. Bref, dans une foule de domaines qui ne sont pas à proprement parler commerciaux, mais où il s'agit de gagner le public, de le pousser dans un certain sens, on emploie formellement les méthodes éprouvées et sûres de la Publicité, au lieu des moyens douteux de ce qu'on appelait autrefois « la propagande ».

Nous voyons là s'ouvrir devant nos yeux un champ illimité encore presque inexploré : soyez sûrs, du reste, qu'il ne le restera pas longtemps.

COMMENT FAIRE VOYAGER

Quel est le but de la Publicité des chemins de fer? Faire voyager. Naturellement le négociant qu'une affaire appelle à Marseille, le jeune homme qui retourne voir ses parents en province, prendront le chemin de fer, iront s'enquérir de l'heure du train. Ceux-là, ce sont des clients acquis ; vis-à-vis d'eux les compagnies possèdent chacune un monopole, ne peuvent se faire concurrence l'une à l'autre (sauf quelques cas exceptionnels, le trajet Paris-Londres, par exemple). La Publicité est donc pratiquement inutile, et c'est parce qu'on ne considérait que ces cas que les chemins de fer ne faisaient aucune Publicité il y a une trentaine d'années.

Mais il y a un autre aspect de la question : de plus en plus on voyage par plaisir. Les sommes dépensées pour augmenter l'agrément et le confortable de la vie ont subi un énorme accroissement pendant ces dernières années. Les compagnies de chemins de fer peuvent en bénéficier grâce à la Publicité. D'abord elles créent des besoins. Elles vous suggèrent des idées de voyage, elles mettent à la mode certaines excursions, elles vous font éprouver presque le sentiment d'une privation si vous ne pouvez les faire. Leur Publicité ne porte pas exactement sur le voyage lui-même, mais sur le pays qui en est le but. C'est ainsi qu'elles feront au printemps de la Publicité pour la semaine sainte à Pâques ou à Séville, en été pour une excursion aux bords de la mer.

Voilà un premier trait de cette Publicité : *création de besoin*. Nous en apercevons bien vite un autre : *spécialisation*. Les compagnies se gardent bien de vanter en gros voyages et villégiatures ; elles vous tentent par le choix du bon endroit au bon moment : j'en donnais un exemple tout à l'heure ; ils seraient faciles à multiplier : l'été, les fraîches montagnes ; l'hiver, le chaud Midi. Les affiches, les brochures choisissent de préférence *un* site, vous le révèlent séduisant, pittoresque. Et voilà le troisième caractère essentiel de cette Publicité : elle est *suggestive*. Une affiche, une vue vous montre un joli endroit, le présentent de la manière la plus avantageuse. Toutes les ressources de la photographie et des tirages en couleur ont été mises en œuvre pour obtenir un résultat vraiment irrésistible. Aussitôt vous sentez croître en vous le désir de visiter la contrée qu'on vous montre. Enfin, très habilement, les compagnies savent rendre *humaine* leur Publicité ; elles ne se bornent pas à des vues : presque toutes leurs affiches renferment des personnages. Ils ne sont pas là seulement pour animer le paysage. Ils représentent d'une manière vivante les sensations de plaisir, les sentiments gais et joyeux qu'éprouvent ceux qui sont dans ce petit paradis terrestre. Et à les voir si heureux, on les envie, on désire les imiter.

Notons une des qualités essentielles de cette Publicité : *l'union entre l'organisation et la réclame.* De même que les grands magasins font leurs efforts de Publicité sur les mises en vente des soldes, les *occasions*, les expositions, les compagnies de chemins de fer *organisent et annoncent* des trains spéciaux, trains de plaisir, itinéraires à prix réduits, etc. Ce sont leurs *occasions*, tentantes et avantageuses.

Dans toute leur Publicité enfin, les compagnies appliquent cette règle essentielle : *diminuer l'effort du client, lui faciliter la décision et la dépense.* Elles fournissent, en même temps que les vues destinées à séduire, des cartes qui permettent de se rendre compte d'un coup d'œil de l'itinéraire à suivre. Elles donnent les heures de départ des trains, le prix du billet. Elles vous envoient à domicile tous les renseignements supplémentaires que vous désirez. Elles facilitent l'achat du billet. Bref, elles vous suppriment tout le travail d'organisation d'un voyage, elles vont au-devant de toutes les hésitations en fournissant des plans de voyage, de villégiatures, tout prêts, tout réalisés : vous n'avez qu'à vous laisser faire.

L'AFFICHE ILLUSTRÉE

Telles sont les qualités générales essentielles de la Publicité de toutes les compagnies de chemins de fer. Il ne me reste plus qu'à passer en revue les *véhicules* qu'elles emploient et à entrer dans quelques détails techniques. Je parlerai surtout des compagnies où ces services sont le mieux organisés : Paris-Lyon-Méditerranée, Orléans et chemin de fer de l'Ouest-État. Elles peuvent servir, les deux premières surtout, de types et de modèles.

D'abord la Publicité peut-être la plus efficace, celle qu'on voit le plus en tout cas : *l'affiche illustrée.* Elle est de date assez récente.

En 1886, il y avait à la tête de la compagnie de l'Ouest un Anglais, M. Blount, qui avait vu dans son pays ce que peut accomplir la Publicité et avait foi en elle. Il se résolut d'en faire pour sa compagnie : annonces dans les annuaires et indicateurs, réclames dans les journaux, affiches, etc.

Au même moment la compagnie du chemin de fer P.-L.-M. s'engageait dans la même voie. Ce fut elle qui lança, en 1890, la première affiche illustrée en couleurs « de réclame ». C'était une affiche de Hugo d'Alesi, qui devait se couvrir de gloire dans ce genre et le personnifia pendant longtemps pour le public.

Sa première affiche représentait une excursion au Mont-Blanc, et déjà on y trouvait sa « manière » tout entière : au premier plan, ce qu'il nommait « un pétard », c'est-à-dire un sujet très apparent, très caractéristique, qui attire l'attention; puis, dans le fond, un paysage attrayant, séduisant par son pittoresque, sa couleur.

La couleur! Hugo d'Alési en avait le culte, la superstition presque. Il apportait du reste à son travail une profonde conviction : pour lui l'affiche était une œuvre d'art, le point de vue commercial n'existait pas; aussi, après avoir ruiné pas mal d'imprimeurs, est-il mort presque dans la misère. Sa joie était d'apporter dans le bureau du chef de la Publicité de la Compagnie sa maquette et l'affiche tirée, et de faire constater l'identité presque absolue des deux. Mais, pour en arriver là, quel travail! Hugo d'Alési n'hésitait pas à ajouter au dernier moment un ou deux tons, s'il le jugeait nécessaire : cela faisait un ou deux tirages de plus, et, comme les imprimeurs avaient traité « à forfait » avec la Compagnie, on pense s'ils le bénissaient. La compagnie P.-L.-M. avait débuté par une affiche illustrée en 1890. Elle en faisait onze en 1898; depuis, ce chiffre ne s'est guère modifié. On tire six mille exemplaires de chaque affiche, qui sont utilisés en trois ans : deux mille sept cents la première année, douze cents la seconde, le reste la troisième.

Outre l'affiche illustrée, qui se borne à évoquer

un site, sans autre but précis que de suggérer le désir de faire un séjour dans cette contrée, et l'affiche typographique qui annonce une *occasion* : train de plaisir, horaires nouveaux et trains rapides, etc., les compagnies emploient une affiche dite de couleur, qui est un mélange des deux. Elle reproduit un paysage, mais renferme en général aussi une carte ou un itinéraire et une partie typographique importante qui donne des renseignements précis sur la marche des trains, les prix, etc.

Pour l'exposition de 1889, la compagnie P.-L.-M. fit, par exemple, une affiche en couleurs qui représentait la Tour Eiffel et qui indiquait en même temps les avantages consentis aux voyageurs à cette occasion. Inutile de dire qu'elle eut un gigantesque succès.

Les affiches typographiques et les affiches de couleur ne sont guère exposées que dans les gares du réseau.

Les affiches illustrées, qui constituent le grand moyen de propagande pour les régions pittoresques, sont exposées aussi par chaque compagnie dans les gares des autres réseaux français, sur la voie publique et même à l'étranger : Angleterre, Allemagne, Belgique, Suisse, Italie, Espagne, États-Unis. A l'étranger, la compagnie P.-L.-M. envoie souvent une affiche spéciale, composée de la réduction de quatre de ses affiches réduites au quart, afin de donner à un public, plus ignorant de notre pays, une vision suffisamment complète d'une région.

Il faut remarquer que lorsque deux affiches concernent la même région, elles en expriment des caractères tout différents. Ainsi l'Orléans a publié récemment deux affiches sur les Pyrénées : l'une donne l'impression grandiose de la haute montagne ; l'autre montre le frais lieu de repos qu'est le bord verdoyant d'un gave.

C'est évidemment l'affiche qui est la plus populaire de toutes les formes de publicité employées par les compagnies de chemins de fer. Mais elles mettent en œuvre bien d'autres moyens d'attirer à elles les voyageurs : elles ne négligent aucune des touches du clavier de la réclame, et on peut tirer d'utiles renseignements de cette organisation si complète.

LA BROCHURE ILLUSTRÉE

Les compagnies éditent d'abord de nombreuses brochures illustrées et des séries de dépliants de toute importance. On pense que je ne peux énumérer ici toutes les publications : la plupart sont d'ailleurs connues de mes lecteurs ; mais je voudrais mettre en lumière leurs qualités et les principes de bonne publicité qui ont présidé à leur confection et qui sont instructifs.

1° Notons d'abord, — ce qui est le point essentiel, — que tous ces imprimés sont élégants, jolis, luxueux même, revêtus de couvertures attrayantes, imprimés en plusieurs couleurs, édités et illustrés avec le plus grand souci de l'art et de la distinction. *Le grand danger pour l'imprimé de publicité, c'est le panier à papiers,* surtout lorsqu'il s'adresse à une clientèle assez aisée. Pour échapper au gouffre béant, l'imprimé de publicité doit être assez joli ou assez utile pour qu'on désire le garder. Une compagnie de chemins de fer a fait récemment une expérience bien curieuse pour montrer la nécessité de n'avoir que des imprimés élégants.

Le chef de la publicité de la compagnie P.-L.-M. a fait mettre, dans le salon d'attente d'une grande administration parisienne fréquentée par une clientèle très élégante, deux tas de prospectus en nombre égal : les uns étaient des imprimés ordinaires, les autres de jolis dépliants illustrés tirés sur papier de luxe. Les deux types de prospectus étaient sur la même région.

A 5 heures du soir, on procéda à l'inventaire : le tas de prospectus vulgaires était intact, les plaquettes avaient presque complètement disparu.

Huit jours plus tard on recommença, en plaçant cette fois des prospectus et des plaquettes illustrées concernant des régions différentes. Le résultat fut le même : seules les plaquettes avaient été emportées.

La compagnie a fait contrôler aussi le résultat de l'envoi de brochures à domicile, et elle est arrivée à la conclusion que sur trois ou quatre enveloppes reçues le destinataire jette au panier les prospectus ordinaires, mais garde soigneusement la brochure de luxe. Moralité : *Pour porter, un imprimé de publicité doit être très joli ou utile.*

2° Le moyen tout indiqué pour les compagnies de chemins de fer de rendre jolis leurs imprimés, c'est de les illustrer de reproductions de paysages ; leurs brochures deviennent ainsi des albums qu'on garde pour les vues qu'elles renferment. C'est ainsi que la plupart des publications des compagnies contiennent de magnifiques reproductions en simili de photographies ; tantôt elles tiennent toute une page, tantôt elles sont « habillées » dans le texte. Partout elles sont à profusion, égayant tout.

Très habilement, les compagnies font resservir les clichés et dessins pour leurs diverses formes de réclame : c'est ainsi que les plus belles affiches, réduites et photographiées par le procédé de la simili en trois couleurs, forment de fort jolies couvertures de dépliants. Elles font encore, de même que les similis en noir qui illustrent les brochures, des cartes postales que la compagnie intercale dans ses publications ou fait encarter dans des livres, revues, etc. Enfin, les dessins au trait qui servent pour une brochure reparaissent ailleurs habilement utilisés. De même que, dans les théâtres de province, les mêmes figurants sont successivement soldats, moines, grands seigneurs et hommes du peuple, les clichés, dont les services de publicité des chemins de fer possèdent une admirable collection, sont diversement groupés et variés dans les différentes publications. *Il y a là une méthode utile à connaître et à pratiquer.*

3° A côté de l'attrait artistique, les compagnies de chemins de fer cherchent à rendre utiles leurs brochures, afin que l'on soit tenté de les garder. Elles fournissent des itinéraires de voyages : beaucoup constituent de véritables guides ; plusieurs sont rédigées par d'excellents écrivains connaissant spécialement le pays auquel elles sont consacrées. En un mot, elles sont *documentaires : artistiques* et *documentaires* sont les deux qualificatifs qu'on doit pouvoir appliquer à tous les bons imprimés de publicité.

Donnons maintenant une idée de quelques-unes de ces publications.

Une des premières brochures en trois couleurs que fit la compagnie P.-L.-M. fut éditée pour l'Exposition de 1900. Elle fut tirée à un million d'exemplaires, dont six cent mille en français, trois cent mille en anglais et cent mille en allemand.

L'*Agenda P.-L.-M.*, publié en 1910 pour la première fois, eut un grand succès. Son prix a été porté, depuis, de un franc à un franc cinquante. Tiré sur très beau papier, il contient des articles d'écrivains réputés sur des pays desservis par les lignes, des cartes postales détachables en reproduisant les plus beaux sites, des itinéraires graphiques, etc.

Récemment, la compagnie P.-L.-M. édita un *Guide des Alpes*. A la suite d'une insertion l'annonçant dans les journaux, la compagnie reçut de cent cinquante à deux cents demandes par jour pendant une semaine, puis le chiffre baissa à dix ; mais il suffit d'une nouvelle offre, sous une forme un peu différente, pour provoquer un nouvel afflux de demandes.

La compagnie de l'Orléans a édité plusieurs brochures qui sont de véritables œuvres d'art. Je ne peux en citer que quelques-unes : *Voyage en Espagne*, illustré de photographies et de croquis de Marc Saurel ; *l'Orléans à toute vapeur*, un aperçu sur l'histoire de la compagnie de 1838 à 1908, sur les progrès de son matériel et sur les régions qu'elle dessert, fascicule de grand luxe qui fut publié en plusieurs langues, notamment en esperanto (rien que pour cette dernière édition, la compagnie reçut plus de quatre mille demandes) ; *Pyrénées et Côte basque*, un guide illustré du touriste, édité par le réseau d'Orléans et du Midi, orné de hors-texte en couleurs, avec une couverture d'André Morisset ; *le Tourisme sur le réseau des Chemins de fer de Paris-Orléans*, qui comprend des vues et des descriptions des sites les plus caratéristiques des quatre grandes régions desservies : Touraine, Bretagne, Auvergne, Pyrénées.

Enfin la compagnie ne craint pas d'aborder ce qui constitue pour elle une sorte de publicité masquée, c'est-à-dire de s'appliquer à vanter les régions et les sites de son réseau, sans faire même la moindre allusion à ses lignes.

Tel est le petit volume publié sur la Touraine. Histoire, tableaux pittoresques, poésies, chansons populaires, contes et légendes, il y a de tout dans ce volume, y compris de très belles aquarelles de G. Fraipont ; tout, sauf la moindre Publicité. Il y a, commenté par M. Van Bever, des morceaux choisis de Balzac (*la Femme de trente ans*), Vigny

(*Cinq-Mars*), Rabelais (*Pantagruel*), etc., se rapportant à cette province. C'est un livre aussi attrayant qu'instructif. Une seconde brochure semblable vient de paraître sur l'Auvergne et le Limousin. Il serait à souhaiter qu'on en ait de pareilles sur chaque province.

On comprend que des publications ainsi conçues ont une réelle valeur documentaire et éducative : des faits très curieux le prouvent d'ailleurs. Il y a quelques années, le directeur d'une grande école communale de banlieue de Paris demanda à la compagnie de l'Orléans de vieux indicateurs pour apprendre à ses élèves la géographie d'une façon vivante et attrayante. On lui envoya deux cents guides périmés. Le succès fut, paraît-il, prodigieux. Les enfants s'escrimaient avec zèle à combiner, grâce à eux, toute une série de voyages. On établissait en commun un itinéraire. Les gravures étaient dévorées des yeux. L'imagination des enfants venait en aide à leur obligation d'apprendre. Depuis, la compagnie a reçu beaucoup de demandes de ce genre. Elle ne peut suffire à toutes, mais s'efforce d'y réussir. Beaucoup d'officiers lui écrivent pour lui demander des affiches illustrées destinées à décorer dans les casernes les réfectoires, les salles de récréation, etc. La compagnie les envoie volontiers. Aujourd'hui tout le monde voyage, et elle pense s'attirer ainsi de futurs clients

DISTRIBUTION DES IMPRIMÉS

Pour disperser dans le public brochures et dépliants, les compagnies emploient différents procédés : d'abord, pour les brochures de quelque importance, elles les annoncent, les font demander et les envoient soit gratuitement, soit contre une faible somme. C'est une excellente méthode : on évite le gaspillage et on est certain que le public attachera beaucoup plus d'importance à une chose pour laquelle il a fait une dépense.

Quant aux prospectus et dépliants, il faut les disperser : l'*encartage* donne de bons résultats, surtout pour la classe riche.

Il est avantageux de l'employer dans les volumes mis en vente dans les gares. Il sert de signet, et comme, en chemin de fer, on lit avec une certaine distraction, il a toute chance d'être regardé.

Sur les classes moyennes, le prospectus est le meilleur moyen d'action, pourvu qu'il soit rédigé très clairement. On en tire certains à des milliers d'exemplaires. Signalons particulièrement les carnets de cartes postales illustrées, synthétisant les différentes régions du réseau, qui sont envoyés par la poste sous enveloppe affranchie à dix centimes. Généralement on les adresse à de certaines catégories sociales. Par exemple, l'année dernière on en a envoyé ainsi dans plusieurs départements à tous les ecclésiastiques.

A l'étranger, ce sont les agents que les compagnies

9

ont dans la plupart des pays qui se chargent de ce soin. Ils les envoient au besoin nominativement.

Les agences de voyages, les bureaux de renseignements, les compagnies de navigation, les grands cercles, sont des débouchés toujours ouverts. Les syndicats d'initiative, qui échangent leurs affiches avec celles des autres réseaux, distribuent aussi volontiers les brochures aux habitants désireux de voyager, ou de profiter aussi d'une manifestation locale, d'une fête artistique. Par exemple, on en place dans une vente de charité.

Dans les petites stations, les chefs de gare sont les distributeurs de brochures. Ils savent quels sont les notables susceptibles de voyager. Ils leur remettent les brochures en mains propres, lors du passage à la gare, ce qui les flatte, ou, à défaut, les leur envoient par la poste. Pour les grandes villes, on recourt aux annuaires, listes téléphoniques, etc. On prend aussi successivement des catégories de personnes : notaires, banquiers, etc.

Concluons cette brève revue des imprimés de Publicité des compagnies de chemins de fer par une dernière observation :

Les compagnies cherchent à donner à leurs imprimés les plus arides une *force de persuasion;* elles y joignent des vues suggestives, des illustrations qui font que celui qui les consulte est séduit et entraîné à voyager. Exemple qui devrait être suivi par toutes les maisons de commerce ; trop souvent elles oublient le grand principe : *ne mettre dans la circulation aucun imprimé qui ne possède quelque force de vente*. L'utilité essentielle d'un tarif ou d'un catalogue est de fournir des prix et des renseignements ; mais il doit en même temps *tenter* l'acheteur, avoir une force de persuasion. Il suffit d'un bien petit effort pour y arriver, et les résultats sont excellents. C'est ainsi que les compagnies de chemins de fer ont transformé certains de leurs indicateurs en coquets guides-horaires.

PUBLICITÉ DANS LES JOURNAUX

Nous n'avons pas épuisé les véhicules de Publicité employés par les chemins de fer. Elles font passer dans les journaux, annuaires, périodiques de toutes sortes, des « communiqués ». Et là nous touchons le point le plus faible de leur Publicité. Il est intéressant de le faire remarquer, — car c'est aussi le point faible de nombreuses Publicités, — et les compagnies sont en train de remédier à ce défaut. Les compagnies de chemins de fer ne payent pas la Publicité qui leur est faite dans les journaux. Elles leur donnent en échange des permis pour les besoins de la rédaction. Cet usage date du temps où la Publicité était en enfance et ne constituait pas encore la grande ressource des journaux. Du même temps date la forme archaïque et puérile des « communiqués » que les compagnies envoient aux quotidiens. Ce sont de petits avis officiels, illisibles, dépourvus, eux, de toute force de persuasion, et que les journaux enfouissent dans quelque coin obscur de leurs dernières pages, où personne ne les voit.

Cette Publicité est une survivance du passé qui devrait disparaître. Les chemins de fer, qui éditent de magnifiques brochures de Publicité tirées en plusieurs couleurs, qui emploient les formes les plus modernes et les plus perfectionnées de la réclame partout, doivent, dans les journaux, s'inspirer des mêmes principes. Elles doivent prendre des pages ou des demi-pages entières et y faire passer de belles similis, avec un texte attrayant. Elles peuvent très bien s'entendre, du reste, pour une Publicité collective avec les hôtels, les syndicats d'initiative ou les commerçants d'une région.

Je suis sûr que, dès l'année prochaine, nous assisterons à cette transformation : des signes nombreux la font pressentir. Déjà la compagnie d'Orléans illustre ses communiqués de petits clichés au trait assez amusants. C'est une initiative qu'il faut encourager ; mais il y a plus et mieux à faire : il faut résolument mettre les réclames des chemins de fer, dans les journaux, sur le même pied que toute leur autre Publicité.

BUREAU DE RENSEIGNEMENTS

Passons sur cette faiblesse momentanée et étudions, pour terminer, les organisations les plus intéressantes de Publicité que possèdent encore les compagnies de chemins de fer. D'abord, des bureaux de renseignements, même dans des villes situées hors de leurs réseaux particuliers. C'est ainsi que la compagnie d'Orléans en a créé un à Lille, qui semble très bien réussir. L'employé qui s'y trouve est consulté tous les jours par vingt-cinq ou trente personnes au moins.

La compagnie a un semblable bureau à Bruxelles. L'agent qui s'y trouve ne se contente pas d'attendre la clientèle : il fait distribuer à domicile, par un garçon de courses en tenue d'homme d'équipe de la compagnie, les plus jolies brochures chez les notables de la ville. Il prépare également des listes d'adresses pour le reste de la Belgique. Il indique à la compagnie quelles sont les classes sociales qui voyagent le plus. Pour la Belgique, ce sont les ecclésiastiques et les avocats.

Les compagnies entretiennent d'excellents rapports avec les syndicats d'initiative de leur réseau. Elles les encouragent et les guident de leur mieux dans le choix et la distribution de leur Publicité, qui seconde la leur. Elles s'efforcent de les faire renoncer aux publications imparfaites comme édition et comme texte qu'ils sont tentés d'employer au début.

POUR CRÉER DES CLIENTS

La compagnie d'Orléans va encore plus loin en fait de Publicité. Elle s'efforce non seulement d'attirer à elle des clients possibles, mais d'en créer de toutes pièces. Elle s'est livrée à un grand effort de propagande commerciale, tant auprès des producteurs et expéditeurs que des acheteurs éventuels de France et de l'étranger.

Cette propagande a commencé, en 1902, en char
geant le personnel spécial employé à la surveillance
des diverses campagnes d'expédition de fruits et de
légumes de faire auprès des producteurs, par com-
munications individuelles, par conférences, par des
expositions, des démarches incessantes en vue de
l'amélioration de leurs emballages. Cette amélioration est, en effet, particulièrement désirable pour les
expéditions faites sur les marchés éloignés de l'intérieur et surtout ceux de l'étranger. Outre la meilleure apparence et la plus-value des prix de vente
qu'obtiennent les produits mieux présentés et trans-
portés dans de meilleures conditions, on évite les
avaries qui découragent les acheteurs et les éloignent
des marchés où les emballages sont insuffisants.

Cette propagande spéciale, ces expositions d'em-
ballage répétées sur tous les points du réseau et
bientôt imitées par d'autres compagnies, les conférences poursuivies pendant la saison d'hiver, ont eu
le plus grand succès dans le monde agricole et ont
été le point de départ du mouvement très étendu
qu'on voit se produire aujourd'hui, et qui peut avoir
sur les conditions de vente de notre production les
plus heureux résultats.

POUR FAVORISER L'EXPORTATION

Pour favoriser l'extension des relations entre les
régions de production et celles de consommation,
des missions spéciales ont été envoyées non seule-

ment à l'étranger : en Angleterre, Allemagne, Belgique, Hollande, mais encore sur les principaux marchés du nord et de l'ouest de la France.

D'une part, aux négociants de ces marchés on faisait connaître les ressources des régions de production, la réduction des prix de transport ; de l'autre, les renseignements recueillis sur les différentes places étaient reportés aux expéditeurs par de très nombreuses conférences, des articles de journaux, des brochures répandues à profusion.

Allant enfin plus loin dans cette voie, la compagnie prit l'initiative d'organiser elle-même à l'étranger des expositions de fruits du Sud-Ouest. A Dusseldorf en 1904, à Liége en 1905, à Cologne et Mannheim en 1907, à Bruxelles en 1910, etc., partout ces expositions ont eu le plus vif succès et valurent aux exposants les plus flatteuses récompenses. C'est, en particulier, de ces expositions qu'est parti le mouvement des exportations sur l'Allemagne des chasselas du bassin de la Garonne.

Ne s'en tenant pas aux denrées périssables, la compagnie a, d'ailleurs, dirigé à l'exposition des Art et Métiers de Bruxelles (1908), dans un stand loué par elle à cet effet, une exposition-dégustation des vins du Languedoc et du bassin de la Garonne, pour laquelle elle a obtenu le concours de la Confédération générale des vignerons et d'autres syndicats du Midi, et qui a rencontré auprès du public belge un succès tout à fait remarquable. Elle s'est entremise à nouveau, en 1909, pour faciliter les débouchés à ces vins dans la région du Nord ; une dégustation foraine à Boulogne-sur-Mer a donné de bons résultats.

POUR DÉVELOPPER LE COMMERCE

Nous devons signaler encore l'organisation, en 1909, 1910 et 1911, par les compagnies du Nord et du P.-O., d'excursions de producteurs et commerçants accompagnés par les agents commerciaux des deux compagnies sur les marchés de Londres et des principales villes anglaises, pour l'étude des marchés de viandes, volailles et fruits.

Ces excursions commerciales ont eu le plus vif succès ; aussi la compagnie se propose-t-elle de continuer, en Angleterre et dans les autres pays étrangers, ces leçons de choses particulièrement intéressantes pour le commerce et les producteurs français.

Pour ceux qui n'ont pu profiter des renseignements et des avis des agents spéciaux de la compagnie, pour ceux qui s'intéressent au développement de notre agriculture, la compagnie a tenu à réunir un certain nombre des publications faites à la suite de ses enquêtes. Elle l'a fait dans un volume de cent cinquante pages, édité avec beaucoup de soin, et qui s'appelle *l'Orléans agricole*.

La compagnie P.-L.-M. a fait un très grand effort analogue pour développer le commerce des fruits et des primeurs. En contact permanent avec les producteurs et le commerce des primeurs de son réseau, elle met à leur disposition ses moyens d'information et les renseignements qu'elle possède sur les marchés de consommation, particulièrement sur ceux de l'étranger : elle ne néglige aucune occasion de leur permettre de prouver que les produits français, quoi qu'on en ait dit, ne craignent aucunement la comparaison avec ceux d'autres pays de grande production. Dans ce but, elle provoque et facilite la participation des producteurs de son réseau aux expositions en France et à l'étranger. C'est encore à son initiative qu'est due la culture, en certaines parties du bassin du Rhône, de nouvelles variétés de légumes et de fruits, dont elle a distribué les graines, les semences et les plants.

Elle s'est attachée, en même temps, à perfectionner de plus en plus les moyens de transport, soit en construisant un matériel spécialement affecté au transport de ces denrées périssables, soit en organisant de grands trains de fruits et primeurs sur Paris, Boulogne, l'Allemagne, ainsi que des trains rapides pour le transport des fleurs de la Côte d'azur.

On trouvera tous les renseignements sur ce sujet dans une ravissante brochure que vient d'éditer la compagnie : *le Réseau des primeurs, la Terre des fleurs.*

Notons, pour terminer, un point très important de la publicité des compagnies de chemins de fer : jamais elles ne font de réclame de publicité pour une région avant de s'être assurées qu'elle possède de quoi assurer le confort du touriste : hôtels propres, bons lits et bonne table.

Sinon, on donnerait naissance à une contre-publicité orale désastreuse et irrémédiable. Le voyageur qui aura visité le pays, si beau soit-il, déclarera, à son retour, à tous ses amis et connaissances : « Très pittoresque, mais n'y allez pas! On y mange trop mal! Les lits sont trop durs! » Et contre ces affirmations qui volent de bouche en bouche, il n'y a rien à faire. Même si on élève, par la suite, de confortables hôtels, on aura du mal à y attirer le touriste.

Application d'un principe capital de la Publicité : *Faites toujours marcher l'organisation commerciale du même pas que la réclame.* Ne déterminez pas un afflux de public dans un magasin sans y avoir le personnel suffisant pour servir tout le monde; ne lancez pas un produit avant de l'avoir mis dans le commerce de détail, de manière à ce qu'on le trouve facilement partout; n'offrez pas de primes ou d'échantillons si leur envoi rapide n'est pas suffisamment organisé. Autrement vous provoquez une sensible contre-publicité.

COMMENT ON LANCE UN CHOCOLAT

La Publicité de la maison Menier

———

Je tiens de M. Sabatier, pendant de longues années chef de la Publicité de la maison Menier, ces précieux renseignements sur la façon dont on maintient le renom d'une marque établie.

« Ce sont en effet, m'a-t-il dit, deux choses fort différentes, que le lancement d'un produit et la publicité normale d'une marque aussi connue que le *Chocolat Menier*.

« Dans ce dernier cas, la Publicité peut, presque exclusivement, se borner à un rappel du nom.

« C'est donc à l'affiche qu'on donnera la première place, et en exagérant, en quelque sorte, les qualités requises par la bonne affiche en général.

« En France, on a fait, depuis une quinzaine d'années, de grands progrès en publicité murale.

« A cette époque-là, on donnait la préférence à des compositions fort bien dessinées, du reste, et d'une réelle valeur artistique, mais confuses. Trop de personnages, trop de couleurs, et souvent trop de texte, telle en était le caractéristique.

« La maison Menier fut la première en France à renoncer au groupement serré.

LA BONNE AFFICHE

« Les qualités que je demande à une affiche sont :

« 1° L'extrême simplicité de lignes du dessin, et par conséquent la réduction du nombre des personnages présentés au minimum, à l'unité si possible;

« 2° La réduction du texte à une courte formule, lapidaire et énergique, ou, simplification plus radicale encore, lorsque le nom est suffisamment connu, à ce nom seul.

« Et voilà comment on arrive à graver une affiche dans l'esprit du passant, c'est-à-dire de tout le monde.

« C'est en se basant sur ces principes que nous sommes arrivés à établir l'affiche-type de la maison Menier, celle qui représente une petite fille crayonnant sur un mur les mots fatidiques : *éviter les contrefaçons.*

« Le tableau est intéressant par lui-même. La petite villageoise est d'une vérité frappante, la pose est bien vivante. Près d'elle, détail amusant, se trouve un de ces immenses parapluies chers aux paysans. A ses pieds, un panier plein de boîtes de notre chocolat, dont elle tient aussi une tablette à la main. Pour toute inscription, au-dessus du tableau : *Chocolat Menier*.

« On ne peut être plus simple. La mise en garde contre les contrefacteurs, devenue indispensable par suite de leur nombre croissant et de leur ingéniosité malhonnête, est présentée de façon pittoresque.

« Rien de plus. Eh bien, cette affiche est devenue tellement familière au public, que si on s'en servait, même sans y faire figurer le nom de notre maison, elle suffirait pour évoquer dans toutes les mémoires le chocolat Menier.

« C'est vers cet idéal que doit tendre l'affiche. Naturellement, pour y arriver, il faut qu'elle joigne aux deux qualités que j'ai signalées tout à l'heure une troisième : la durée.

« Rien de plus mauvais pour une maison que de changer constamment le sujet de ses affiches.

« Comme je l'ai dit tout à l'heure, la publicité murale ne peut prétendre à prendre un caractère explicatif ou didactique, elle n'est qu'un rappel. Moins le passant aura d'effort à faire pour effectuer l'association d'idées voulue entre l'affiche et le produit, meilleure sera l'affiche.

« On ne saurait, à mon avis, pousser trop loin les choses dans ce sens. C'est ainsi que, partout et toujours, sur les affiches comme sur les plaques d'émail que nous remettons aux épiciers détenteurs de nos produits, les lettres des deux mots *Chocolat Menier*, composés avec le même type de caractères, se détachent en blanc sur fond bleu ou noir.

« Mais si une maison doit chercher soigneusement à se créer une annonce caractéristique et s'y tenir, cela ne veut pas dire qu'elle s'obstinera dans une routine aveugle, quant aux procédés. S'il ne faut pas brusquer un système de publicité, il faut néanmoins le rajeunir peu à peu.

« A ce point de vue, il est bon de noter les dimensions de plus en plus vastes données aux affiches. Il y a une vingtaine d'années, une affiche de 2 mètres sur 4 retenait l'attention. Aujourd'hui on emploie couramment celle de 5 mètres carrés en papier et des placards en toile de 20 et 40 mètres carrés. On peut remarquer, par la même occasion, que le pourcentage des affiches illustrées a notablement baissé.

« C'est dire que, comme le bon sens l'indique, la publicité s'émousse par l'usage et par la profusion. On doit donc chercher toujours du nouveau dans la façon de se produire. La maison Menier, qui a assisté à la naissance de la réclame en France (la marque de fabrique date de 1816, et notre usine de Noisiel a été fondée en 1825) a toujours su prendre les devants.

« Nous avons été des premiers à utiliser les affiches le long des voies ferrées, et lorsque, plus tard, les murs ont été encombrés, c'est nous qui avons créé, en même temps que M. Gordon-Bennett, les placards en plein champ.

« Les kiosques lumineux ont constitué, à leur apparition, une excellente publicité. Mais leur multiplicité les a ensuite rendus inefficaces, et nous y avons renoncé.

« Récemment, la publicité lumineuse au faîte des maisons est arrivée, plus rapidement encore et pour la même raison, au même degré d'impuissance.

« Un excellent système d'affiches, qu'on semble encore ignorer à Paris, mais qui est largement employé en Allemagne et en Angleterre, c'est l'annonce extérieure sur panneau d'omnibus et de tramway. La mobilité de l'annonce décuple son coefficient de visibilité. Elle est évidemment de beaucoup supérieure à l'annonce murale fixe.

LES PRIMES

« Un système de publicité qui jouit d'une grande faveur auprès de notre clientèle, c'est celui des petites primes-réclames, telles que crayons, porteplumes, agendas, miniatures, etc. Là encore une certaine ingéniosité est de mise. C'est ainsi que nous avons obtenu un vif succès avec une petite boîte de pastilles qui constitue, une fois le fond enlevé, un parfait rond de serviette en simili vieil or.

« Je dois cependant faire des réserves sur l'efficacité de cette méthode, les solliciteurs de primes n'étant pas toujours des consommateurs bien sérieux. Elle est, en tout cas, très appréciée des voyageurs et placiers, à qui elle permet de ne pas arriver les mains vides chez le détaillant.

« Pour en finir avec la publicité d'une marque bien établie, constatons qu'elle peut être soit diffusée à l'extrême, soit, au contraire, centralisée. Nous employons le premier procédé. Il n'est pas une seule des trente-six mille communes de France dont les murs ne portent pas notre nom. Cette façon de faire nous réussit à merveille.

« Une autre grande maison, la biscuiterie *Lefèvre-Utile*, opère de façon tout opposée. Elle ne fait de réclame que dans les grandes villes, à peu d'emplacements, mais sur de très grands placards. Elle s'en trouve bien également.

« Quant au lancement d'une marque, sujet où je suis moins directement compétent, j'estime qu'il est assez difficile de donner des indications précises. Tout l'art de l'annonceur consiste justement à approprier le plus intimement possible le procédé au produit. Cependant on peut dire qu'en général il faut seconder une publicité murale, qui habitue le public au nom, par des annonces dans les grands quotidiens.

« Quant aux magazines, j'estime qu'il ne convient d'y faire une publicité sérieuse que pour les produits de luxe.

VISITE DE L'USINE

« Pour terminer, je citerai, comme modèle de réclame didactique, l'autorisation de visiter notre usine de Noisiel. Nous accordons un permis à toute personne qui en fait la demande dans nos bureaux de la rue de Châteaudun, à Paris. De plus, ce permis donne droit au voyage gratuit sur la voie privée qui raccorde l'usine à la station d'Emerainville, située sur la ligne de l'Est, à une trentaine de kilomètres de la capitale. En plus des nombreux touristes qui parcourent chaque année notre usine, les épiciers de la France entière ne manquent pas d'y venir à leur passage à Paris. La connaissance plus grande qu'ils acquièrent de nos procédés de fabrication leur permet de mieux exposer, par la suite, les qualités particulières à notre produit. »

COMMENT ON FAIT FORTUNE

PAR LA PUBLICITÉ

L'histoire de M. Dusausoy

———✦———

M. Dusausoy considère à juste titre la Publicité comme la bonne fée qui a présidé à sa réussite. Rien n'est donc plus intéressant que de l'entendre raconter lui-même comment en faisant, le premier parmi ses confrères, appel à la réclame, il a conquis le succès avec une rapidité fabuleuse.

« J'appartiens, me dit-il, à une famille de bijoutiers en gros. Mon grand-père était déjà connu sur la place de Paris, et je m'initiais au métier en faisant, pour le compte de mon père, la place chez les détaillants.

« Lorsque je repris, en 1898, avec mon frère une petite maison, 7, boulevard des Italiens, je possédais donc parfaitement les connaissances techniques nécessaires à un chef de maison. C'était une boutique sans grande importance. Le chiffre annuel des affaires s'élevait à une centaine de mille francs.

« En faisant la place, j'avais souvent remarqué combien les bijoutiers de détail montraient peu de bonne grâce pour racheter des bijoux à des particuliers.

« Un monsieur entrait-il dans le magasin, le commerçant se précipitait vers lui, la bouche en cœur :

« — Monsieur désire... ?

« — Je voudrais vendre quelques bijoux, » répondait timidement l'interpellé.

« Aussitôt, changement à vue. Le bijoutier se redressait et prenait une voix rogue. Il n'avait besoin de rien pour le moment, il n'était pas acheteur.

« Si l'autre insistait, il consentait parfois à garder les pièces à vendre, à condition pour ainsi dire, et n'achetait définitivement que lorsqu'il avait trouvé le placement de cette marchandise, avec un bénéfice plus ou moins fort.

« Donc, deux inconvénients pour la personne gênée : 1° un accueil désagréable, à peine poli ; 2° impossibilité d'avoir de l'argent immédiatement.

« Il ne restait comme recours que certains revendeurs de reconnaissances, certaines marchandes à la toilette qui payaient bien comptant, mais à des prix excessivement bas.

« Je me dis qu'il y avait là une lacune à combler, un rôle à prendre : celui de recevoir poliment la personne désireuse de se défaire de ses bijoux et de lui en offrir immédiatement un prix raisonnable.

« La première condition pour réussir était évidemment d'être sûr de ses estimations. Mais, comme je vous l'ai dit, j'avais été élevé dans ce commerce et je n'avais pas peur de commettre d'erreurs désastreuses.

« J'avais donc découvert une formule nouvelle de commerce. Mais si je comptais sur le hasard pour m'envoyer des gens désireux de vendre des bijoux, à moi entre tous les bijoutiers de Paris, avouez que j'aurais pu ne faire, pendant longtemps, que de bien médiocres affaires.

L'APPEL A LA PUBLICITÉ

« C'est alors que j'eus l'idée audacieuse de m'adresser à la Publicité.

« Je dis l'idée audacieuse, non pas en raison de la mise de fonds qu'il me fallut risquer, — elle fut minime, — mais parce qu'à cette époque la Publicité n'avait pas encore ses grandes entrées partout. Un bijoutier aurait cru se déshonorer presque en recourant à ce moyen de développer ses affaires.

« Je commençai donc par faire passer dans les quotidiens de petites annonces, puis des échos dans lesquels j'annonçais que « Dusausoy achetait cher les bijoux ».

« Je dois vous dire ici que je m'étais établi avec

une dizaine de mille francs pour tout capital. Je ne pouvais donc prétendre immobiliser longtemps de fortes sommes. Mes relations, en tant qu'ancien courtier de gros, honorablement connu sur la place, me permirent heureusement de revendre assez facilement les bijoux que j'achetais.

.« D'un autre côté, je dois dire que, les premiers temps, les gens venaient chez moi avec une certaine défiance. Ils me considéraient un peu comme une sorte de Shylock prêt à pressurer mes victimes jusqu'au sang. Je devais alors leur expliquer que c'était justement la Publicité qui me permettait, en décuplant mes possibilités de travail, de leur payer les bijoux plus cher que partout ailleurs. Quelquefois ils se retiraient, mal convaincus, pour revenir, penauds, quelques heures plus tard. Je suis même allé parfois, en compagnie d'un vendeur rebelle, faire estimer un bijou ailleurs. Et toujours j'avais finalement raison.

« Pourtant, afin d'éviter toute équivoque, je modifiai ma formule et écrivis : « Dusausoy achète plus « cher qu'ailleurs. »

« Quant aux résultats de cette méthode, basée, je dois le répéter une fois encore, sur la puissance de la Publicité, ils furent extraordinaires.

« Au bout d'un an, le chiffre annuel des affaires de la petite maison du boulevard des Italiens passait de 100 000 francs à 180 000 francs. Après deux ans, il se montait à 350 000 francs, puis il atteignit 750 000 francs et ne devait plus jamais s'arrêter dans sa marche ascendante.

« Remarquez que tout ce que j'ai fait, je l'ai fait avec mes seules ressources. Combien de fois, depuis que le succès s'est affirmé, éclatant, des commanditaires ne se sont-il pas offerts afin de me permettre de développer la maison! J'ai toujours refusé. J'ai voulu rester mon seul maître. Je dois vous dire d'ailleurs que mes ressources personnelles, c'est-à-dire ma fortune, croissaient prodigieusement vite. J'étais loin des 10 000 francs du premier jour, et je pouvais alors garder sans gêne les bijoux payés un prix considérable. J'avais des capitaux disponibles.

« Je vous parle actuellement des années 1903 et 1904. Je pus donner à ma publicité une force de pénétration énorme. Quotidiens, illustrés, périodiques, magazines, journaux amusants, mon nom figurait partout. J'avais en général renoncé à la simple réclame, pour employer le cliché illustré. J'étais loin des 30 à 60 000 francs que comportait mon budget de publicité des premières années.

LA DIFFICULTÉ DE LA PUBLICITÉ

« C'est depuis ce temps que j'ai commencé à me rendre compte des difficultés que présente la mise au point d'une publicité bien faite. C'est un art qui devient d'ailleurs de jour en jour plus difficile, en raison même du développement qu'a pris la réclame dans la presse. Parmi tant de clichés, il faut que le vôtre soit assez original pour être distingué et assez clair pour que l'association d'idées s'établisse vite entre son sujet et la possibilité de venir vendre des bijoux chez moi. Je me suis trouvé bien, pendant longtemps, des croquis représentant deux personnages en conversation et soulignés d'une légende dialoguée connue, pour citer un exemple entre cent :

« — Oui, mon cher!... Sans Dusausoy, 43, boulevard des Capucines, qui m'a donné une bonne somme de mes bijoux, je ne sais ce que je serais devenue!... »

« Maintenant, dans les grands illustrés, tels que l'*Illustration*, nous employons des clichés plus artistiques et aussi plus éloquents, si j'ose dire. Témoin celui qui représente Marguerite tenant à la main son coffret débordant de bijoux, tandis qu'au-dessus d'elle, dans un nuage, s'évoque un magnifique château. Voilà évidemment ce qu'on peut se procurer avec ceci, grâce à Dusausoy.

« En transférant mes magasins dans le local beaucoup plus important du boulevard des Capucines, j'ai eu pour but de donner plus d'extension à mes ventes directes au public.

« Oh! je n'ignore pas à quelles difficultés je me heurte. La vente des bijoux à un particulier est surtout une question de confiance. Chacun, en général, a son joaillier, en qui il a confiance. J'aurai beau mettre en vente un bijou à 20 pour 100 meilleur marché qu'ailleurs, certaines personnes continueront à préférer ne pas se fournir chez moi.

« Mais je crois fermement qu'il est une partie du

public raisonnable que je peux gagner. J'ai du reste quelques arguments décisifs à ma disposition. Grâce à la modicité relative de mes prix d'achat et à l'importance des affaires que je traite, je puis, en vendant un bijou, fixer sur la facture même le prix du rachat. Aucun de mes concurrents ne peut le faire, puisque son prix d'achat en gros, à lui, est de beaucoup supérieur au prix de *rachat* pratiqué vis-à-vis d'un particulier. On ne peut présenter décemment à un client un écart de 40 à 50 pour 100 !

« Du reste, j'ai maintenant un atelier modèle, où je puis transformer les bijoux démodés. Mes magasins de vente sont complètement séparés de mes bureaux d'achat. A part la « gamme » des prix que je ne puis pas toujours offrir aussi complète que mes confrères, je suis tout aussi bien installé qu'eux. Par « gamme » de prix, j'entends qu'au lieu d'avoir des colliers de perles de 6, 7, 8 et 9 000 francs, par exemple, il se peut que j'en ai deux de 6 000 et trois de 9 000.

« Naturellement, c'est pour beaucoup sur la Publicité que je compte. Elle m'a trop bien réussi une première fois pour que je la néglige. C'est par elle que je prétends atteindre les acheteurs après avoir atteint les vendeurs.

« Naturellement, je cherche à orienter la réclame que je continue à faire, de telle sorte qu'elle puisse me servir à deux fins.

« Par exemple, j'ai lancé récemment une plaquette avec ce titre énigmatique : « Voulez-vous de l'or? »

« La première page représente une foule de gens de tout âge et de toute condition courant après une pièce de 20 francs ailée.

« Ensuite vient la réclame :

Si vous voulez de l'or à bon compte, achetez à Dusausoy ses chaînes or contrôlé, 18 carats, à 3 fr. 5o le gramme. Demandez aussi ses diamants, ses perles, ses bagues, ses pendants, etc. etc., vendus selon le poids et le cours.

« Suivent des pages de précision sur nos procédés de vente et la reproduction en clichés des plus luxueux de quelques-uns de nos bijoux et l'explication de notre système de vente au poids. Enfin, à la dernière page, cette seule indication : « Dusausoy « achète et vend tous bijoux à leur valeur réelle. »

« Vous voyez donc que la Publicité est encore appelée à me rendre d'énormes services. Seulement, et c'est là la morale que vous pouvez tirer de mon histoire, il faut affirmer que la Publicité exige aujourd'hui, pour amener le succès, non seulement de l'argent, mais aussi beaucoup d'intelligence, de goût et d'efforts. »

COMMENT ON LANCE

UNE LAMPE ÉLECTRIQUE

La " semaine d'Osram " en Angleterre

———*———

La semaine d'Osram est un des exemples des plus parfaits que l'on puisse citer de publicité *concentrée spécialisée et bien localisée dans le temps*. C'est une campagne modèle.

Voici en quoi elle consiste. Pendant une semaine les fabricants de la lampe Osram organisent, chez tous les marchands électriciens qui veulent participer à la campagne, une sorte d'exposition permanente de lampes et appareils d'éclairage soutenue par une formidable publicité et devant développer la vente des lampes Osram.

APPEL AUX DÉTAILLANTS

Le premier appel fut naturellement adressé aux détaillants : il est fait par des annonces paraissant dans les journaux du commerce et de l'industrie électriques; elles furent suivies par l'envoi, aux 5 ooo principaux marchands d'appareils d'éclairage en Angleterre, d'un grand dépliant en carton où le plan de la campagne et ses avantages pour les commerçants étaient expliqués dans le dernier détail :

Si vous voulez coopérer à la « semaine Osram », y était-il dit :

1º Nous publierons votre nom et l'adresse de votre magasin dans nos gigantesques annonces (1ʳᵉ page du *Daily Mail* paraissant le 15 octobre), ainsi que dans un grand journal de votre région.

2º Nous vous enverrons gratuitement l'enseigne spéciale pour la « semaine Osram », qui signalera aussitôt votre magasin.

3º Nous vous fournirons la décoration spéciale de l'étalage.

4º Nous vous fournirons gratuitement tous les dépliants, prix courants, cartes postales illustrées, prospectus, etc., portant votre nom, dont vous penserez avoir besoin. Nous vous fournirons aussi les reproductions de nos grands clichés pour journaux, panneaux-réclames, etc.

5º Sur une autre page de ce dépliant, vous trouverez la reproduction d'une lettre que nous enverrons à tous les épiciers, drapiers, tailleurs, coiffeurs, cafetiers, clubs, écoles, hôpitaux, marchands de tabac, etc., des environs les invitant à aller voir votre magasin. En même temps nous publierons nos réclames dans les journaux spéciaux de ces différents commerces.

6º Nous emploierons tous les emplacements d'affichage dont nous disposons pour des affiches attirant l'attention sur la « semaine Osram » et les marchands qui y participent.

L'APPEL AU PUBLIC

Ce dépliant renfermait une reproduction des clichés parus dans la presse, qui exposaient les avantages et la supériorité de la lampe Osram; au-dessous de chaque cliché était le nom des journaux où ils paraîtraient et la date de l'insertion. On y trouvait encore la reproduction des différents panneaux-réclames, cartons à l'emporte-pièce, affiches, prix courants, brochures, catalogues, etc., qui allaient être lancées pour la semaine.

On y trouvait encore quelques photographies de décorations-modèles de devantures pour la « semaine » utilisant tous les accessoires fournis par la compagnie.

Voici enfin le texte de la lettre que la compagnie Osram envoyait à des centaines de mille de commerçants employant l'éclairage électrique :

Cher Monsieur,

En commerçant avisé, vous donnez sans doute le plus grand soin à l'arrangement de votre étalage : portez-vous la même attention à son éclairage ? Cela est cependant utile et rapporte, car un magasin bien éclairé attire le public.

Notre but en vous écrivant est de vous signaler un mode d'éclairage meilleur et plus économique que celui par le gaz ou par les lampes électriques ordinaires.

Essayez la lampe Osram, qui vous donnera un magasin attrayant parce qu'il sera bien éclairé et vous fera réaliser une formidable économie.

Le dépliant ci-inclus vous fournira un certain nombre de faits, au sujet de la lampe Osram, qui ne peuvent manquer d'intéresser un homme d'affaires.

Il est particulièrement important de noter que les lampes Osram sont maintenant faites de filaments métalliques étirés qui sont pratiquement incassables ; en fait, il n'y a pas de lampe électrique plus solide. Aussi, en adoptant la lampe Osram exclusivement, vous réduirez au minimun vos dépenses d'éclairage.

Les devantures si merveilleusement attirantes des magasins Harrods sont entièrement éclairées avec des lampes Osram.

Sans aucun doute, il n'y a pas de meilleur éclairage pour vous.

Les dangers d'incendie sont réduits à un minimum par cette

lampe. Posez votre main sur une lampe Osram et sur une autre lampe, toutes deux allumées depuis un quart d'heure, vous verrez laquelle est la plus froide.

Tous les marchands locaux vendent cette lampe. Spécifiez la lampe Osram, fabrication anglaise.

LA COMPAGNIE GÉNÉRALE ÉLECTRIQUE.

La compagnie Osram demandait seulement à un détaillant, pour qu'il soit porté dans toutes les annonces comme coopérant à la « semaine », de commander, en plus de ses commandes habituelles, 150 lampes Osram ; ce qui revenait à peu près à 500 francs. En 1912, environ 870 détaillants adhérèrent au plan : ce fut donc une vente immédiate de 435 000 francs pour la lampe Osram.

Mais, naturellement, le véritable bénéfice de cette semaine, c'est la publicité générale pour la marque et l'acquisition de clients.

Cette campagne, admirablement conçue, montre comment il faut à la fois créer la demande dans le public et intéresser le détaillant à la vente, en le tenant au courant de ce qu'on fait et en le soutenant. Enfin c'est une localisation et une spécialisation qui rappelle les méthodes de mise en vente des grands magasins, appliquées à un produit manufacturé et aux détaillants, par une très habile transformation.

COMMENT ON LANCE UN COGNAC

Une campagne d'une maison française
en Angleterre.

———

Il s'agit de la maison Hennessy. La tâche qu'elle avait devant elle n'était pas des plus aisées ; il fallait non seulement faire connaître et apprécier sa marque par le public anglais, mais encore et surtout rendre au cognac la faveur perdue en faveur du whisky.

Dans tous les grands journaux anglais, on vit paraître des annonces très voyantes, très lisibles et admirablement rédigées. Elles mettaient en relief les qualités du bon cognac, en indiquaient d'une manière pittoresque l'origine et la fabrication, suggéraient les breuvages à base de cognac qu'on doit se préparer dans différentes circonstances, puis lançaient le nom de Hennessy comme celui du meilleur cognac. Cette campagne a été couronnée d'un plein succès : il est tout à fait instructif d'en donner le plan.

Nous avons d'abord une série d'annonces dont le thème est : « Ayez toujours une bouteille de bonne eau-de-vie chez vous. En cas d'accidents, quelques gouttes d'alcool peuvent être précieuses. Un bon grog est la meilleure boisson si on a pris chaud, etc. Enfin il y a une quantité de breuvages sains et agréables à base d'eau-de-vie (*brandy*). Or le vrai *brandy*, c'est le Hennessy. »

DES RAISONS

Cela nous conduit naturellement au deuxième thème, qui est : « Le cognac Hennessy vient des meilleurs vignobles : il n'a pas besoin de cacher son origine, comme les spiritueux médiocres. » Reproduction donc, d'une belle grappe de raisin entourée d'un texte suggestif : « Les meilleurs raisins poussent dans le district de Cognac, comme le meilleur houblon dans le Kent. Les Hennessy y ont établi leur maison au xviiie siècle, etc. »

Autre série d'annonces : des cartes montrant la côte ouest de France avec Cognac. Le « Hennessy » est le chemin direct vers Cognac. « Il est mis en bouteille et cacheté à Cognac même, dans le pays où poussent les vignes et nous apporte le soleil de ces vignobles. Il n'y a pas de pays où le brandy puisse être produit meilleur que dans cette région de Cognac. Le sol donne une vitalité inouïe au vin, vitalité que vous retrouverez dans le « Hennessy ». La force des raisins y est intacte : le charme de l'arome, le bouquet délicat y est préservé, aucune des qualités qui font sa force n'y manque. »

Quatrième série : « Ne demandez pas du brandy, ni le meilleur brandy, ni une bouteille de brandy à 8 francs : demandez du Hennessy. » Et offre d'un échantillon.

Donc, réclame pour l'eau-de-vie d'abord, pour le cognac ensuite, puis pour le « Hennessy » ; enfin garantie de la marque.

COMMENT ON LANCE UNE LIQUEUR

La Publicité de « la Françoise »

Lancer une liqueur, un apéritif, un savon, n'est pas chose facile : le public est immense, mais contre quelle concurrence effroyable ne faut-il pas lutter ?

Il faut avant tout donner une *personnalité* à la marque que l'on veut lancer, trouver un *thème* de réclame amusant et individualisant bien la marque, puis un *style* général — et s'y tenir.

Tout cela a été fort bien réussi pour « la Françoise ». Elle prend comme nom de liqueur un roi populaire, et que l'on suppose volontiers buveur, gourmet et bon vivant. Elle a une individualité aussitôt : le portrait de François Iᵉʳ établira l'unité de toute sa publicité et, du premier coup d'œil, fera reconnaître marque et réclames.

Enfin le parrainage de François Iᵉʳ donne aussitôt un style un peu archaïque, mi-gothique, mi-renaissance, et comme une tonalité amusante.

UN PEU D'HISTOIRE

Voici, à titre de curiosité, l'histoire de l'invention de la liqueur, telle qu'elle est racontée dans les réclames :

LA FRANÇOISE

GRANDE LIQUEUR DE COGNAC

**Préparée dès 1494 au Château de Cognac
par le Grand Échanson de François Ier
et de la Maison de Valois.**

« Le 1er mai 1526, la duchesse d'Angoulême, mère de François Ier, roi de France; Marguerite de Valois, reine de Navarre, sœur de François Ier; la reine Claude de France et messire Jehan Eutrope de Saint-Porchaire en Saintonge, échanson de François Ier et de la maison de Valois, s'étaient enfermés, à 2 heures de relevée, dans la tour des Trois-Rois, au château de Cognac, pour préparer en secret les flacons de la liqueur préférée du roi, *la Françoise*, lesquels flacons étaient destinés au grand repas royal qui devait quelques jours plus tard clôturer les fêtes merveilleuses données par François Ier dans la ville de Cognac, où il était né et qu'il affectionnait, aux souverains et princes qu'il avait conviés à la Ligue Sainte ou Ligue de Cognac, formée contre la maison d'Autriche. »

BRANTÔME,
(*Histoire de François Ier.*)

« *La Françoise,* grande liqueur de Cognac dont le secret a été conservé dans la famille de messire Jehan Eutrope de Saint-Porchaire en Saintonge, est la plus ancienne des liqueurs connues. Elle est aussi la plus fine et la plus exquise. C'est la Reine des liqueurs et la Liqueur des reines, des rois et des princes. C'est elle qui, dès le début de la distillation des vins, a fait la réputation des eaux-de-vie de Cognac, qui en sont la base, mariées aux essences distillées des fleurs que préfèrent les abeilles pour la confection de leur miel, ce qui la rend doublement bienfaisante.

« Cette Divine Liqueur, » — comme l'appelait Mme de Chateaubriant, — qui figurait avec honneur sur la table du roi d'Angleterre Henri VIII, est désignée parmi les présents que fit la duchesse d'Angoulême, mère de François Ier, à Charles-Quint pendant la captivité de son fils, et parmi ceux de la corbeille de la Reine Eléonore ; au banquet offert à Bayard lorsqu'il eut armé chevalier son royal élève. On la rencontre encore charmant les chasses de la forêt de Chisey, dans les palais de Fontainebleau, de Blois, résidences préférées de François Ier ; au camp du Drap d'or ; aux fêtes somptueuses de la Ligue de Cognac, où tous les monarques d'Europe étaient présents ou représentés, et parmi les doux breuvages favoris de Marguerite de Valois, la Marguerite des Marguerites, sœur de François Ier.

« *La Françoise* n'est plus maintenant le privilège exclusif des grands de la terre ; elle est désormais à la portée de tout le monde, étant préparée selon la formule approuvée par François Ier lorsqu'elle était fabriquée dans cette « tour des Trois-Rois », démolie en 1793, d'où elle sortit, en mai 1526, pour aller briller dans toutes les cours royales de l'Europe.

On retrouve toute cette « moyenâgerie » dans toute la publicité de la *Françoise*, qui comporte naturellement des affiches, des plaquettes, des menus, des tableaux-réclames, des primes, des éventails, des sous-mains, etc.

LES CONCOURS DES JOURNAUX

Mais pour une liqueur, — lorsqu'elle est connue, — la meilleure réclame est encore sa qualité. Confiant dans la qualité de la *Françoise*, l'agent de publicité chargé de la lancer se préoccupa d'en faire boire beaucoup. Et il utilisa les concours des journaux. Il avait, d'une part, la publicité dans les quotidiens, qui mettait ses clichés sous les yeux du public.

D'autre part, cette publicité était payée en marchandises, — second avantage, — et les bouteilles de *Françoise* étaient distribuées en prix par les journaux à leurs lecteurs, — troisième avantage.

En un seul concours, un grand journal de Paris a distribué 2 000 bouteilles de *Françoise* à ses lecteurs. Cela fait 2 000 maisons où l'on a dégusté la liqueur, c'est-à-dire au moins 100 000 personnes qui en ont tâté. Si elle leur a plu, ce sont des clients possibles.

COMMENT ON LANCE UN VIN TONIQUE

Le vin Mariani et la Publicité
par les Célébrités

M. Joseph Uzanne, directeur de la publicité du vin Mariani, a bien voulu m'expliquer comment est née cette publicité tout à fait originale, et comment elle s'est développée pour le plus grand bien du célèbre tonique.

« Lorsqu'il y a vingt ans, M. Mariani décida modestement de laisser à des personnalités de tout ordre la tâche de vanter son vin, il fut incontestablement le créateur d'un nouveau genre de publicité, genre qui s'est trouvé excellent, mais qui n'a jamais depuis produit d'aussi bons résultats que pour son inventeur.

« Jusque-là, la publicité du vin Mariani s'était bornée à faire paraître des échos d'actualité dans les journaux. Le progrès réalisé fut donc énorme; mais il faut avouer que le hasard joua un certain rôle dans toute l'affaire.

« Nous cherchions du nouveau; mais éviter le « déjà vu » ne suffit pas, il faut aussi que le mode de diffusion du produit à annoncer lui soit personnel. Autant de produits, autant de traitements particuliers, autant d'interprétations différentes.

« C'est, du moins, à l'application rigoureuse de cet axiome que le vin Mariani doit sa renommée actuelle. Vin médical, son caractère de produit sérieux exigeait une publicité à l'avenant. Le thème lui en fut fourni en partie par les circonstances.

« Diverses personnalités, qui éprouvèrent les bienfaits reconstituants du vin Mariani, voulurent témoigner à son inventeur leur reconnaissance, et artistes, auteurs, littérateurs, médecins, hommes politiques, etc., lui adressèrent des dessins, des poésies, des éloges en belle prose, des attestations spirituelles et amusantes.

LA FORCE DE L'EXEMPLE

« L'exemple a toujours été contagieux. Pour le vin Mariani, une consécration émanant de personnalités connues devait logiquement faire traînée de poudre. Le collectionneur aurait gardé égoïstement par devers lui ces documents précieux : ses amis l'engagèrent vivement à en donner connaissance au public.

« Mais la publication isolée de testimoniaux d'hommes de lettres, de sciences ou d'artistes en renom, aurait pu lui enlever quelque peu de son intérêt. Une présentation collective était préférable. L'album Mariani était résolu.

« Le premier volume parut en 1902; il contenait soixante-quinze portraits, des autographes et des biographies très documentées. Depuis cette époque, un douzaine de gros volumes ont été publiés; de nouveaux sont sans cesse en préparation.

« M. Mariani, écrit M. Georges Claretie dans le « *Figaro*, a fait défiler dans ses volumes de *Figures* « *contemporaines* toutes les personnalités connues, « et les notices biographiques rédigées par Joseph « Uzanne nous donnent sur nos contemporains des « jugements sincères et des renseignements précis. » Oui, c'est bien un musée que cette galerie de portraits ornés de dessins, de pensées, d'hommages de reconnaissance à la bonté de Mariani. On pourrait appeler ces volumes un *Dictionnaire amical, Mémoires pour servir à l'histoire de mon temps*.

« Les historiens futurs consulteront ces pages, qui seront précieuses, et il est déjà bien curieux de suivre à travers ces volumes le mouvement littéraire et scientifique de notre temps. C'est comme une succession de générations, de couches nouvelles; des noms inconnus surgissent, des inventions naissent, et des figures de savants.

« Provoquer des témoignages sans les solliciter est, toutefois, une affaire plus délicate qu'on pourrait le croire. Ici, alors, la valeur propre du produit entre en jeu. Tel chef d'État, matériellement très occupé, trouvera cependant un instant pour écrire spontanément tout le bien qu'il pense d'un tonique qui lui a fait du bien ; ce prince de la science médicale reconnaîtra sans restrictions l'avis favorable qu'il en donne quotidiennement à ses nombreux malades ; et, d'autre part, en recevant une caisse de vin Mariani pour son dispensaire de Vatra-Luminosa, S. M. la reine de Roumanie, par exemple, enverra au discret expéditeur le plus aimable et le plus probant des accusés de réception.

« Ce serait maintenant calomnier l'humanité que de croire à la disette éventuelle des hommes célèbres et, par voie de conséquence, à celle de leurs autographes. Arts, industrie, littérature, etc., toutes les branches du génie humain voient chaque année, selon les événements, l'éclosion ou l'affirmation incessante de plusieurs personnalités. L'album Mariani en est la preuve, et, pour son avenir comme pour le plus grand bien de l'espèce humaine, une expérience de quinze années me permet de croire qu'il continuera à l'être longtemps encore.

Un choix sévère de sujets basé sur une observation constante de l'actualité et divulgués d'une façon naturellement originale, telle est en quelques mots la caractéristique-programme des albums Mariani.

Si personnellement établie et si minutieusement
dirigée qu'elle puisse être, une publicité n'est, à
mon sens, réellement efficace qu'à la condition
d'être continue. Or, tout l'effort des albums Mariani
étant concentré sur la période qui s'étend d'octobre
à mai, il était indispensable de prolonger, par des
moyens appropriés, mais restant dans la note générale, leur action au reste de l'année. Les *Figures
contemporaines* se sont acquittées avec succès de
cette mission. Présentées en un fort beau volume
luxueusement édité, tiré à un nombre d'exemplaires
limité, elles contiennent les biographies des célé-
brités les plus notoires, avec les portraits et les
autographes.

L'ENCARTAGE DANS LES JOURNAUX

« Chaque année aussi, des extraits copieux sont
tirés du volume en préparation et publiés dans
une brochure, éditée spécialement, et donnée en
supplément par tous les grands journaux de Paris
et des départements, comme primes à leurs abonnés.

« Les acheteurs au numéro peuvent demander ce
toujours intéressant et curieux supplément à la
maison Mariani, qui s'empresse de le remettre et
même de l'envoyer par la poste à ceux qui en
expriment le désir.

« Encartés dans les grands journaux parisiens,
chacun des 800 000 exemplaires de ce supplément

annuel va porter au grand public, sous les formes les plus variées, les plus originales, les plus sincères, l'appréciation de 80 personnages d'élite. Soixante-quatre millions d'exemples frappants, émanant des grands premiers rôles de l'actualité, communiquent ainsi aux lecteurs leur opinion [sur le vin célèbre. Souverains, présidents de république, hommes d'État et savants d'opinions les plus contraires, artistes de talents complètement opposés, tout ce qui dans l'ordre social, politique ou littéraire, etc., possède un nom répandu, s'est donné rendez-vous sans distinction de caste, de parti ou d'école, dans l'album Mariani.

« En détaillant la personnalité des signataires des autographes, elle met, — et ceci d'une façon permanente, — davantage en valeur leur opinion favorable au vin Mariani.

« Nous sommes toujours à la recherche du nouveau, nous nous appliquons à suivre l'actualité d'aussi près que possible. C'est ainsi que nous consacrons plusieurs pages aux aviateurs. Nous nous efforçons toujours, afin de rendre chaque album plus vivant, de composer des groupes homogènes; par exemple, dans un des derniers parus nous avons pu réunir sur la même page les trois derniers élus de l'Académie française.

PAS DE TÉMOIGNAGE SÉPARÉ

« Par contre, nous appliquons avec rigueur le principe suivant : *ne jamais donner une seule photographie, un seul autographe séparément.* C'est ce qui nous permet d'obtenir aussi facilement des adhésions, car beaucoup de personnalités, qui sont heureuses de voir leur signature et leur portrait figurer dans nos albums, en bonne société, ne supporteraient pas de les voir s'étaler isolés sur une page de journal ou de magazine. Nous avons ainsi des témoignages éclatants.

« Les opinions les plus sincères sont les plus écoutées. En n'émanant que de personnalités notoires, que leurs caractères, leurs mérites, voire même leurs situations, mettent à l'abri du plus léger soupçon de partialité, les témoignages en faveur du vin Mariani sont en quelque sorte de puissants producteurs de convictions. Ils ajoutent, — et c'est là leur but, — à la sincérité, qui est, à mon avis, la seule source d'originalité intarissable, la personnalité non moins originale de leurs auteurs. Car, en matière d'attestations surtout, un avis identique sur un même sujet sera toujours exprimé de façon différente et personnelle par deux ou plusieurs appréciateurs.

« A son caractère déjà particulier d'encyclopédie annuelle des illustrations contemporaines, l'Album Mariani joint donc celui de propagateur d'évidentes et sincères convictions. Tel est le cachet spécial,

la note personnelle et convaincante que ses auteurs
se sont efforcés de transmettre par lui à une publicité dont il constitue le principal facteur.

« Facteur décisif, puisque le chiffre des ventes du
vin Mariani n'a jamais cessé de progresser annuel-
lement.

COMMENT ON LANCE

UN DÉSINFECTANT

La Publicité du *Kérol*

————

Voici une campagne de publicité fort bien comprise pour un désinfectant, le *Kérol*. Notons d'abord le nom : bref, simple, sonore, caractéristique, bien choisi pour lutter, s'il le faut, contre la contrefaçon, évoquant bien par sa sonorité un produit chimique, convenant parfaitement pour une marque de désinfectant.

Le public auquel s'adresse un semblable produit est nécessairement assez instruit et accessible aux raisonnements. Donc pas de bluff, pas de plaisanteries, des arguments. Il faut faire reposer toute la campagne sur la peur des microbes et la manie régnant actuellement de l'hygiène.

Les fabricants du *Kérol* firent donc paraître une série d'annonces composées uniquement de texte, clair, lisible, bref, bien disposé.

Au point de vue de la présentation extérieure, deux points étaient à noter. D'abord toutes ces annonces débutaient par le même titre : *Avez-vous Kérolisé?* Il y a là un effort, que nous aurons souvent à noter, pour faire passer dans le langage courant le nom d'un produit comme nom commun. Il est évident que le jour où l'on dirait kéroliser pour désinfecter, comme on dit un kodak pour un appareil photographique, le Kérol aurait une vente colossale. Un tel effort soutenu par une campagne énergique peut très bien aboutir; il est, en tout cas, intéressant.

LA SIGNATURE

Deuxième point : ces annonces étaient *signées*, deuxième application des bonnes méthodes. Le signataire était M. Maurice Salomon, membre de la Société d'industrie chimique, B. SC. F. C. S. Ces initiales mystérieuses, qui signifient, je pense, que M. Maurice Salomon est bachelier ès sciences et membre de la Société de chimie, ont quelque chose d'impressionnant. La signature donne une autorité à tout ce qui est affirmé dans le texte : nous avons quelqu'un qui nous parle, quelqu'un qui nous donne son nom, qui prend la responsabilité de ce qui est dit. Cette note de personnalité rend plus vivante la campagne et lui donne une portée bien plus grande. Elle introduit l'élément humain dans un domaine d'abstraction et de généralités.

Les textes sont du reste excellents, bien variés, bien gradués. Je ne puis songer à les reproduire ici, mais voici quelques lignes qui donneront le ton :

L'année dernière, 600 000 personnes sont mortes dans le Royaume-Uni. Plus de 35 000 d'entre d'elles furent tuées par les sept fièvres infectieuses qu'une kérolisation complète est en état de prévenir. Plus de 50 000 personnes sont mortes de différentes formes de la tuberculose, qu'elles n'auraient jamais contractée si la kérolisation était générale... Les faits suffisent à prouver que l'usage systématique d'un désinfectant efficace est un devoir qu'a le chef de chaque famille envers lui-même, envers les siens, envers l'État.

L'usage du Kérol lui rend cette tâche aisée, etc.

D'autres réclames nous décrivent les millions de microbes que renferment les poussières et leurs dangers ; d'autres prennent telle ou telle maladie. Bref, après avoir lu la série, on sent que l'on ne peut avoir quelque sécurité dans la vie qu'en se kérolisant.

COMMENT ON LANCE UNE ÉTOFFE

Une maison française essaye
de faire connaître sa marque

———✳———

I. — EN FRANCE

J'ai eu un moment de vive satisfaction lorsque j'ai aperçu, dans un de nos plus grands illustrés français, l'annonce reproduite ci-dessous. Elle m'annonçait une nouvelle conquête de la Publicité prédite par moi il y a bientôt cinq ans dans le premier livre que j'ai écrit sur la Publicité, qui se trouvait être en même temps le premier volume paraissant en France sur ce sujet.

L'IMPORTANCE DE LA MARQUE

Je m'efforçais d'y démontrer que le plus grand résultat auquel pouvait arriver la Publicité, c'était de faire que le nom d'une *marque* de commerce, et non d'un produit, devienne le synonyme de la satisfaction d'un besoin. Il faut, par exemple, que lorsqu'un soupeur a envie de boire un verre de champagne, il pense aussitôt « Mumm » ou « Moët et Chandon »; lorsqu'une ménagère veut acheter du savon, qu'elle pense « Sunlight ».

Pour un grand nombre de produits, les campagnes de publicité sont arrivées à faire comprendre au public l'importance de la marque et l'ont habitué à la réclamer. Vous ne verrez guère acheter ou commander du champagne, des savons, des parfums, des chocolats, des liqueurs, des conserves, des cirages, etc., sans que la marque soit spécifiée. La liste de ces premières conquêtes de la Publicité est déjà fort longue : vous l'établiriez aisément en regardant les dernières pages des journaux et les murs.

Mais elle est fort incomplète, et elle a été dressée par le hasard et non par la raison. Je veux dire que vous n'y trouveriez pas les noms d'une infinité de maisons de commerce qui devraient faire de la publicité, et en second lieu que celles-là même qui peuvent en attendre les plus gros bénéfices se sont jusqu'à présent abstenues. Ne cherchez pas de raisons logiques au choix des industries ou des commerces où il se fait de la publicité : quelque homme d'affaires plus entreprenant a commencé à faire de la réclame pour ses produits; tous ses concurrents ont été vite forcés de l'imiter. Voilà une branche où une publicité active devient traditionnelle et obligatoire. Mais à côté, dans telle autre industrie, qui aurait de plus grandes raisons de faire appel à la force de la réclame, personne n'a eu l'idée de commencer, personne n'en fait.

Il est évident que les industriels qui ont le plus d'intérêt à imposer leurs marques par la publicité, à habituer le public à la connaître, à la réclamer, ce sont ceux qui fabriquent des produits de consommation générale et intense. Le champ des possibilités qui s'ouvrent devant une campagne de publicité est alors presque infini. Si vous acquérez en effet la faveur du public pour une marque de porte-plumes réservoirs ou d'appareils photographiques, le fabricant pourra faire de jolis bénéfices ; mais tout de même le nombre des personnes qui achètent ces articles, par rapport à l'ensemble de la population, est assez restreint ; et, d'autre part, ceux qui en ont un le gardent assez longtemps.

Supposez, au contraire. qu'on arrive à donner la même notoriété à une marque de farine ou de sucre, que boulangers et ménagères, restaurateurs et particuliers ne demandent plus chez leurs fournisseurs habituels un kilo — ou cent kilos — de farine ou de sucre, mais un kilo de farine Dupont et un kilo de sucre Durand. Calculez, je vous prie, la production et les bénéfices de MM. Dupont et Durand.

Comme domaine très intéressant pour le lancement de « marques », je signalais les étoffes. Les femmes s'y connaissent un peu, mais les hommes sont absolument désarmés vis-à-vis de leurs tailleurs. Lorsqu'il s'agit de nous faire faire un complet et un pardessus, nous choisissons une étoffe dont la couleur et le dessin nous plaisent, nous en regardons l'épaisseur et nous tâchons de nous faire une idée de sa résistance, mais, hélas! sans grand résultat. Quelle est la quantité de laine que renferme cette étoffe? Quelle est sa qualité véritable? Personne de nous n'est capable de se faire une idée exacte sur ces points. Nous sommes forcés de nous en remettre à la probité du vendeur, qui lui-même ne s'y connaît souvent pas mieux que nous et s'en remet au commissionnaire ou marchand en gros.

Supposez au contraire qu'un fabricant produisant de vraiment bonne étoffe, — qui soit à la camelote ce qu'est une bouteille de chartreuse ou de curaçao Bols au tord-boyaux anonyme du marchand de vin, — mettre sa marque sur ses étoffes ostensiblement, apprenne au public à la connaître et à la réclamer.

Sa publicité, passant par-dessus la tête des intermédiaires, ira créer une demande dans le grand public, ce qui devrait être l'unique objectif de toute maison de commerce. Vous entrerez chez votre tailleur et vous lui direz : « Faites-moi donc un complet en serge bleue Dumont, montrez-moi les étoffes Dumont; » et vous vérifierez la marque à la lisière.

C'est précisément ce que des fabricants de Lyon sont en train de faire dans l'annonce dont voici le texte :

TISSU DE GRANDE VOGUE - EMPLOYÉ DANS LA HAUTE COUTURE

LA CHARMEUSE

CETTE ÉTOFFE DE PURE SOIE, SOUPLE, ÉPAISSE ET ENVELOPPANTE
POUR ROBES ET MANTEAUX

DOIT PORTER LE MOT *"CHARMEUSE"* TISSÉ DANS LA LISIÈRE

MEUSE . CHARMEUSE . CHARMEUSE . CHARMEUSE . CHAR

(Fac-Similé de la Lisière)

ATUYER - BIANCHINI - FÉRIER

Fabricants à LYON

Vente exclusivement en Gros. - **PARIS** . 24, avenue de l'OPÉRA. —

II. — EN AMÉRIQUE

La réclame dont je viens de parler n'est qu'un modeste début. Pour se faire une idée de ce que nous réserve l'avenir, il faut regarder en Amérique. Voyons ce qu'y a fait la compagnie américaine des laines, la *Woolen Co.* C'est un ensemble de 27 manufactures ; elle a un capital de 690 millions. Le montant de ses recettes, en 1902, était de 187 500 000 franes, tandis que la valeur totale des tissus de laine manufacturés aux États-Unis, la même année, était de 1 485 000 000. Elle fait 12 pour 100 ou un huitième de la production totale. Un champ magnifique s'ouvrait donc devant elle : la conquête des sept autres huitièmes. Elle s'y engagea avec l'esprit américain d'entreprise. Un jour, on vit des annonces dont nous reproduisons un exemple ici, comme spécimen :

« Presque tout le monde se fait faire au moins un costume de serge bleue par an. Si on en a eu un l'été, on peut se dispenser d'en faire un plus épais pour l'hiver; mais dans toute saison il est commode d'en avoir un.

« Eh bien! il y a un certain nombre de choses relatives à la serge bleue qu'il est bon de savoir : par exemple, il est douteux que quelqu'un soit enchanté de pouvoir se servir de son costume comme d'un miroir la seconde fois qu'il le met.

« La serge marine Washington est faite de manière à ne pas se lustrer.

« On ne désire pas non plus que la couleur passe la première fois qu'on sort au soleil.

« La serge marine Washington est teinte à l'indigo séché. La couleur en est absolument fixe.

« A propos de couleur, la serge marine Washington n'est pas un de ces bleus clairs, criards : c'est le bleu profond, sombre, que nous admirons tant dans les costumes de nos officiers de marine.

« En fait, cette serge est confectionnée conformément aux exigences du gouvernement des États-Unis et a été adoptée par lui.

« Si votre marchand, votre tailleur, celui qui vous vend vos habits ne l'avait pas, écrivez-nous.

« *American Woolen Cy.*

« Boston. »

UN PLAN DE CAMPAGNE MODÈLE

De telles campagnes, où des intérêts considérables sont engagés, ne se font pas à l'aventure. La question avait été soigneusement étudiée au préalable, et, comme modèle de préparation, je citerai presque entièrement le mémoire rédigé par une agence de publicité des États-Unis pour la Compagnie.

Le voici :

« Pourquoi la compagnie des laines doit-elle faire de la publicité ?

« La publicité n'a qu'un objet : augmenter la vente des produits pour lesquels on fait de la réclame, et, par suite, les bénéfices.

« La compagnie des laines fabrique un produit d'un usage général, un de ceux dont l'usage est le plus général dans le monde. Le vêtement vient immédiatement après la nourriture dans l'ordre des objets de première nécessité, et les tissus de laine sont, pour l'homme et la femme, de première importance.

« Vous produisez seulement un huitième ou 12 et demi pour 100 des laines fabriquées aux États-Unis. Vous avez donc devant vous le champ des sept autres huitièmes, et vous pouvez en conquérir une partie par la publicité.

« Les industries textiles n'ont pas été si promptes à comprendre les avantages de la publicité que les fabricants de produits alimentaires : biscuits, conserves, aliments reconstituants et de déjeuner. Cependant, nous sommes convaincus que c'est à la publicité pour les tissus qu'est réservé l'avenir le plus brillant. Nous croyons que votre compagnie a entre les mains la chance de faire la campagne de publicité dont le succès sera le plus grand qu'enregistrera l'histoire.

LE THÈME PATRIOTIQUE

« L'objet de votre publicité serait de persuader aux Américains, hommes et femmes, de ne porter que des tissus de fabrication nationale. Votre réclame serait dirigée contre les produits importés. Vous y vanteriez la qualité supérieure des étoffes fabriquées par la compagnie américaine des laines. Le public apprendrait que les laines américaines sont aussi bonnes et même meilleures que les laines importées. Il faudrait faire en sorte qu'hommes et femmes, au moment de commander une robe, un costume, un manteau, insistent pour qu'on leur livre des étoffes portant votre marque.

VOTRE PUBLICITÉ DOIT ÊTRE INSTRUCTIVE

« Il faudrait apprendre au public, autant que cela est possible, les noms et les caractéristiques des différentes étoffes de laines, surtout des tissus nouveaux et à la mode; mais, par-dessus tout, il faudrait insister sur le fait que la marque de fabrique de la compagnie des laines garantit une qualité supérieure.

LA MARQUE

« Personne dans le public n'est capable de distinguer les différentes qualités d'étoffe. La « confection » a été une des industries où il a été gagné le plus d'argent, précisément à cause de cette ignorance. L'acheteur est à la merci du tailleur ou du marchand au détail. La coupe et la façon sont contrôlées par lui ; mais, quant à la qualité de l'étoffe, il est forcé de s'en remettre à la parole de celui qui lui vend.

« Une marque de fabrique pour les tissus donne les mêmes garanties que pour les autres produits manufacturés connus du public. Une marque n'a de valeur que par la publicité. Certainement, à partir du moment où l'on met dans la circulation des marchandises de bonne qualité, portant cette marque, on lui fait une sorte de publicité ; mais cette publicité n'atteint pas un assez large cercle. Une publicité qui grave dans l'esprit de tout homme ou toute femme, qui achète des tissus de laine, la marque de la compagnie américaine des laines, est celle qui vous rapportera le plus...

« Si nous pouvons apprendre aux Américains que les tissus fabriqués en Amérique sont aussi bons que ceux qu'on importe ; si nous pouvons faire appel non seulement à leur bon sens, à leur jugement, à leur porte-monnaie, mais encore à leur patriotisme, vous verrez que chez les tailleurs on demandera des étoffes portant votre marque.

« Nous savons par notre propre expérience que vos serges ont toutes les qualités que peut avoir la serge importée. Cela est sans doute vrai de vos autres tissus. Il n'est pas moins vrai qu'actuellement l'Américain, hypnotisé par le mot magique « importé », paye le double pour des étoffes qui ne sont pas meilleures.

« Vous avez plusieurs avantages exceptionnels. Vous avez une organisation pour la production et pour la vente. Vous avez des capitaux nécessaires pour faire une publicité effective et intelligente, et pour arriver aux meilleurs résultats. Vous avez des produits capables de soutenir la publicité. Vous êtes en position d'augmenter votre vente. Un champ vous est ouvert, comme le prouvent les chiffres de consommation de tissus de laine en Amérique. Vous êtes une industrie importante, représentative en Amérique, fabricant un produit qui ne peut être remplacé par rien. Les styles et les modes peuvent changer, mais toujours on emploiera des tissus de laine ; il est impossible de concevoir une invention nouvelle, un caprice de la mode, un changement d'habitudes qui supprime l'emploi des vêtements de laine pour les hommes et les femmes. Vous possédez les fondements les plus larges et les plus sûrs sur lesquels on puisse asseoir une grande campagne de publicité.

COMMENT VOTRE PUBLICITÉ DOIT ÊTRE FAITE

LA MARQUE DE FABRIQUE

« Il est essentiel que vous ayez une marque générale, que porteront tous les produits de la compagnie. Chaque genre ou catégorie de tissus pourrait avoir une marque particulière ou au moins un nom, autant que possible un mot forgé, qui serait employé concurremment avec la marque générale de la compagnie des laines.

« La question de savoir si cette marque serait imprimée sur l'étoffe ou tissée dedans dépendra de considérations pratiques. Nous vous proposons que votre marque soit en trois couleurs : le rouge, le blanc et le bleu du drapeau national. Le premier point important est de la garantir. Voici plusieurs idées à ce sujet : vous pouvez prendre le monogramme A. L. Co ; vous pouvez aussi combiner nom et monogramme avec un emblème patriotique, étoile, écusson ou drapeau ; vous pouvez combiner votre monogramme avec quelque chose ayant rapport avec la laine, par exemple, une tête de mouton ; vous pouvez unir ces deux emblèmes, etc. etc.

BUDGET

« La somme d'argent consacrée à votre campagne dépend de différentes choses : vous pouvez lui consacrer un tant pour cent de vos recettes, ou vous régler sur le plan qu'on vous propose, et qui exige une certaine somme. Mais il faut avant toute chose fixer un chiffre.

« Le budget moyen d'une campagne de publicité nationale va de 1 250 000 francs à 5 000 000, 500 000 francs étant, en général, consacrés aux annonces dans les magazines; quelques compagnies leur réservent même 750 000 francs.

« On admet généralement que la *Compagnie nationale des biscuits* a eu un succès énorme avec sa publicité. Le chiffre d'affaires de cette compagnie, en 1902, était de 200 000 000 de francs, et ses profits nets de 18 000 000. Elle dépense ce qui est moins d'un cinquantième de son chiffre d'affaires, et 20 pour 100 de ses bénéfices nets. Si la compagnie des laines voulait consacrer 20 pour 100 de ses bénéfices par an à la publicité, cela nous ferait à peu près 3 500 000 francs.

« Nous ne comptons pas que vous débutiez par une pareille somme; mais nous sommes fermement convaincus que si vous commencez à faire de la publicité comme c'est votre intérêt de le faire, le moment viendra où vous consacrerez cette somme et y trouverez votre profit par l'accroissement de vos bénéfices. Nous ne pensons pas qu'un directeur de la compagnie américaine des laines hésite à dépenser 3 500 000 francs en publicité, s'il peut par là ajouter un bénéfice net de 5 000 000 à ceux de sa compagnie. Or aucun homme au courant des affaires de publicité ne doutera un instant que ce soit possible.

« Quel que soit le chiffre auquel vous vous arrête-
rez, il doit être assez élevé pour vous permettre
d'atteindre le but que vous vous proposez. Une
annonce, même d'une page, paraissant une seule
fois dans un magazine, ne vous servirait à rien.
Trois, pas davantage. Une publicité comme celle
qu'il vous faut doit être continuelle et se faire tous
les mois pendant des années. Vous n'avez pas besoin
d'utiliser tous les périodiques ayant une valeur;
mais, dans ceux que vous choisissez, vous devez
disposer d'un espace suffisant pour dire votre histoire, pour qu'elle soit vue, et vous devez mettre
une annonce dans tous les numéros. Prenez quelques
exemplaires des grands magazines américains, vous
verrez que toutes les maisons dont la publicité est
connue comme fructueuse, le Sapolio, Cream of
Wheat, etc., emploient des pages et dans tous les
numéros. »

COMMENT ON A LANCÉ
LA BOUTEILLE THERMOS

Une campagne reposant sur l'emploi

——★——

La bouteille Thermos a la propriété de conserver les liquides qu'on y enferme indéfiniment, à la température où on les y met, c'est-à-dire qu'elle permet d'emporter et de garder chauds ou froids des breuvages. On voit aussitôt le parti qu'on peut en tirer.

Ceux qui ont fait la publicité de cette invention ont eu le talent d'envisager chacun des cas où la bouteille Thermos peut rendre des services, et d'en faire le thème d'une annonce illustrée.

L'ÉLÉMENT HUMAIN

Voici un pique-nique : autrefois il fallait emporter un réchaud, faire bouillir l'eau pour le thé, d'où ennui, embarras, perte de temps, etc. Aujourd'hui, on emporte une bouteille Thermos pleine de thé bouillant.

Voici une partie de bateau, l'été : autrefois on emportait une jarre pleine d'eau qu'on faisait tremper dans la rivière, pour la garder fraîche. Aujourd'hui on emporte une bouteille Thermos, pleine d'eau glacée; c'est plus propre et plus pratique.

Pour soigner les malades, les enfants, etc., comme il est ennuyeux de faire du feu, la nuit, pour faire chauffer les breuvages et potions : une bouteille Thermos les conserve chaud; il suffit de les verser dans le verre.

Pour les soldats en campagne, quelle ressource précieuse que la bouteille Thermos! Et voici une lettre d'un officier dans l'Inde, qui envoie deux instantanés le représentant avec la bouteille Thermos au campement.

Nous ne pouvons suivre toute la série, mais on voit combien chaque exemple est frappant. Naturellement le choix des journaux où paraît chaque annonce est déterminé par son caractère et le public auquel elle s'adresse.

COMMENT ON LANCE UNE LIMONADE

Une campagne sans démonstration

———*———

La limonade de Bird est un extrait vendu en petites bouteilles : quelques gouttes jetées dans de l'eau suffisent pour faire un verre de limonade.

Les fabricants considèrent que ce produit s'adresse plutôt à un public populaire. En effet, dans les milieux aristocratiques, on prépare surtout les citronnades avec un citron.

POINT DE RAISONS

Pour lancer leur limonade, ils ont fait une campagne qui nous intéresse parce que la démonstration en est totalement absente. Il est dit dans chaque annonce : « Le seul breuvage qui conserve le goût exquis et rafraîchissant du fruit. Extraite des meilleurs citrons de Sicile, la limonade de Bird ne contient que des sucs naturels sans aucune addition. » Ces affirmations sont légèrement variées, et on les trouve toujours, dans tout cliché, sous une forme ou sous une autre. Mais elles tiennent en cinq ou six lignes de petit texte : il n'y a aucune explication sur la fabrication, aucune preuve de la pureté du produit, aucune vue de Sicile, ni des usines ; les avantages de la limonade en général sont passés sous silence. En un mot, ce n'est pas une campagne démonstrative ni documentaire : elle fait appel à d'autres forces.

INDIVIDUALISATION DES CLICHÉS

Tous les clichés ont pour caractéristiques :

1° Une jeune et jolie soubrette se détachant sur un fond en demi-teinte, qui a la forme d'un citron ;

2° La légende : « Voici Cécile de Sicile, la soubrette des citrons. » Il y a, en anglais, un jeu de mots intraduisible : *Here is Cicely from Sicily, « maid of lemons. »* La dernière phrase se prononce de la même manière que *made of lemons,* « faite de citrons. »

3° Toutes les réclames renferment deux vers rimant, sur la limonade, dans le style des chansons populaires anglaises; cela naturellement intraduisible en français. Citons un de ces distiques pour les lecteurs sachant l'anglais.

Cécile dit :

Oh ! but it's good and so easily made.
You just add water to Birds Lemonade.

4° Dans chaque cliché, une vue de la petite bouteille dans son paquet, l'indication du prix ;

5° La soubrette, le citron, donnent déjà la personnalité à toutes ces réclames, la vue du paquet de la bouteille les individualise encore ; mais afin de graver plus profondément le nom dans l'esprit, le centre de chaque cliché est occupé par BIRDS LEMONADE en gros caractères, et le tout entouré d'un cadre. Cadre et lettres de « Birds lemonade » sont imprimés en une sorte de quadrillé noir, qui leur donne un aspect tout à fait inusité.

On le voit, campagne d'associations d'idées, d'obsession, d'appel à la mémoire, à la sensibilité, plus qu'à l'intelligence.

COMMENT ON A LANCÉ L'ÆOLIAN

Une publicité qui s'adresse
au public riche

————·————

Voilà un type très intéressant et très spécial de publicité. Il s'agit de faire vendre un objet cher, laissant une forte marge de bénéfices, un article de grand luxe, encore assez peu répandu.

LE PROBLÈME A RÉSOUDRE

Ces données très générales nous indiquent déjà ce que devait être la publicité de l'Æolian. D'abord elle devait s'adresser à un public très nettement défini : les prix moyens des appareils variant de deux mille à six mille francs, leur achat n'est pas possible que pour des personnes ayant une très grande aisance ou une véritable fortune. D'autre part, à ce public il fallait faire savoir ce qu'est l'Æolian :

tous les gens riches en France sont habitués à acheter des objets d'art, de l'argenterie, des automobiles, etc., mais non pas des pianos mécaniques.

Il fallait leur faire comprendre que c'était un piano mécanique très spécial, leur en expliquer les avantages, leur donner le désir de le posséder. Enfin le prix même de l'appareil indique qu'il fallait une publicité luxueuse, et qu'on pouvait se permettre d'y consacrer une forte somme. Nous pouvons dire que tous ces problèmes ont été merveilleusement résolus par la compagnie Æolian ; l'organisation de sa publicité peut vraiment servir de modèle, et nous allons rapidement la décrire.

LE THÈME DE LA PUBLICITÉ

Disons d'abord ce que sont les appareils vendus par la compagnie Æolian : nos explications gagneront en netteté, et, comme nous allons emprunter cette description à une brochure de propagande éditée par la maison, cela nous donnera en même temps l'idée de ce qu'est sa « littérature ».

Voici ce que je lis dans une brochure sur le Pianola :

« Le plaisir que nous pouvons éprouver en écoutant de la belle musique, — quelque agréable qu'elle soit, — n'est qu'un plaisir purement passif... Il n'est pas comparable à l'émotion que l'on ressent en *faisant de la musique* soi-même, c'est-à-dire en exprimant sa compréhension personnelle de l'œuvre interprétée, en cherchant à pénétrer les pensées les plus intimes du compositeur. L'exécutant éprouve, par surcroît, le plaisir de s'écouter lui-même.

« La musique produite par des moyens automatiques est nécessairement arbitraire et d'une éternelle monotonie : c'est pourquoi on se lasse si rapidement des divers appareils ou machines qui ne font que *moudre* des notes, et dont le résultat est identique pour tous ceux qui les font *tourner*.

« Le grand intérêt du Pianola, c'est de mettre à la disposition de l'exécutant, — d'une façon absolue, — *l'accent, la nuance* et *le mouvement métronomique*, tout le *style* enfin, avec la faculté de pouvoir guider tous ces éléments suivant son goût personnel. Il s'ensuit que la même œuvre peut être jouée différemment, suivant le *contingent de personnalité* apporté par chacun.

« C'est à tort que certaines personnes imbues de préjugés, ou trop enclines à juger de parti pris, qualifient le Pianola, — sans l'avoir entendu jouer, — d'instrument *mécanique*. Le Pianola ne supprime, en effet, que le doigté dans l'art de jouer du piano et laisse à l'exécutant le soin de gouverner, par une manœuvre facile, le rythme et l'expression de la musique interprétée, et d'y apporter ainsi le sens, la couleur, le sentiment, qui semblaient naguère des qualités incompatibles avec l'emploi des appareils dits *automatiques*, quels qu'ils fussent. »

Voilà le grand thème de la publicité du Pianola : il permet à tous de jouer du piano sans savoir, — et cependant de mettre de l'expression, de nuancer, etc. ; bref, de jouer un rôle actif : tous les plaisirs sans peine, pour tous.

ARGUMENTS PSYCHOLOGIQUES

Très habilement, la publicité du Pianola insiste sur le côté humain, subjectif de ces avantages. Elle décrit le résultat que donne la possession de l'appareil, les sentiments qu'éprouvent ceux qui le possèdent. Au lieu de nous décrire le fonctionnement, les qualités du mécanisme, elle fait le tableau des moments délicieux qu'on passe dans une maison où *est* le Pianola. Elle ne vous dit pas : « Achetez-le, » elle nous donne envie de l'avoir, en nous faisant un tableau enchanteur de la vie de ceux qui l'ont.

Naturellement, le texte est puissamment aidé par l'illustration, qui, elle aussi, nous représente des personnes écoutant le Pianola et nous fait deviner leur ravissement.

LE CHARME « INNOMBRABLE »

Je cite quelques lignes de cette très habile publicité :

Dès que vous posséderez un Pianola, un charme « innombrable » et nouveau viendra animer votre foyer. Plus d'après-midi mélancoliques, plus de veillées monotones. Offrez-vous une soirée à quelques amis ? Il vous est loisible, grâce au

Pianola, d'en varier les plaisirs au gré de leurs désirs ou de leur fantaisie. Vous pouvez leur donner un véritable concert, le répertoire du Pianola étant, pour ainsi dire, inépuisable. Chopin, Beethoven, tous les grands maîtres y peuvent alterner avec les grâces pimpantes de l'opérette en vogue ou la romance favorite d'un invité, accompagnée au Pianola. Vous plaît-il de terminer par une sauterie? Le Pianola encore vous permettra de jouer toutes les musiques de danses.

DEUX IDYLLES

La compagnie du Pianola a édité deux brochures, qui renferment deux « nouvelles » dont voici le thème : Une jeune fille ne peut se marier parce qu'elle ne joue pas du piano, et les prétendants tiennent à pouvoir entendre de la musique chez eux : les parents, bien inspirés, lui achètent un Pianola, et le mariage se fait séance tenante.

Le Pianola fait des mariages : que pourrait-on demander de plus?

Il y a une « gamme » complète de brochures de publicité; celles que nous venons de citer, qui font naître le désir de posséder l'instrument; puis celles qui vous expliquent comment vous pouvez le posséder, c'est-à-dire l'acheter; celles enfin qui justifient son prix et ses prétentions : témoignages innombrables de grands musiciens, conférences de critiques célèbres, etc.; enfin les conseils pour l'utilisation de l'instrument.

Nous voilà orientés sur l'instrument et sur la littérature qui lui est consacrée : abordons l'histoire de son lancement en France.

LES ERREURS PREMIÈRES

C'est en 1898 que la compagnie Æolian établit une succursale à Paris. C'est une compagnie américaine, sans doute l'une des plus importantes fabriques d'instruments de musique du monde. Elle possède des maisons en Chine, dans l'Inde, en Australie, sans parler, naturellement, de toutes les nations civilisées.

L'organisation commerciale est établie sur des principes très stricts : dans chaque ville, la compagnie ne possède qu'un représentant, et seul il vend dans cette ville, cela afin de ne point permettre qu'on avilisse les prix. Il arrive quelquefois qu'une personne préfère s'adresser directement à la maison mère, à New-York. Supposons, par exemple, qu'un habitant de Gênes le fasse. Il reçoit de New-York une lettre l'avertissant que sa demande de renseignements est transmise à la succursale de Paris, qui s'occupe des pays latins. La succursale de Paris l'avise ensuite par lettre que sa demande a été transmise au représentant de Gênes, qui se rendra chez lui.

Au début, la maison de Paris était entre les mains d'un concessionnaire : elle végétait. Depuis 1904, elle est conduite par un gérant avec pleins pouvoirs; mais la Compagnie, exploitant directement la succursale, consacra les capitaux nécessaires au lancement.

Le succès ne tarda pas, et, de l'aveu même des

représentants de la compagnie, il est dû à leur publicité. En 1905, la maison de Paris faisait six cent mille francs d'affaires par an. Elle en fait trois fois autant aujourd'hui.

La publicité faite au début était trop exactement calquée sur la publicité américaine : elle n'était pas adaptée au goût du public français ; elle était bruyante. Des dernières pages de quotidiens furent consacrées à des clichés « américains », sans résultat. On envoya jusqu'à quarante mille brochures dans Paris sans vendre un instrument. La compagnie reconnut elle-même que ce fut un insuccès : elle améliora ses méthodes.

Elle détermina d'abord exactement le bon public pour elle. Ce n'était pas le « Tout-Paris » aristocratique, le Gotha, les milieux ultra-mondains. Les bons clients venaient de la bourgeoisie riche et cultivée : c'étaient des industriels, des commerçants, des gens d'affaires, de gros propriétaires aimant la musique.

ADAPTATION AU PUBLIC FRANÇAIS

Il fallait établir de bonnes listes d'adresses, travailler les clients, les relancer, les visiter personnellement, les suivre.

Il fallait apprendre d'abord à ce public qu'il existait un instrument grâce auquel tout le monde était virtuose : en piquant la curiosité, on amenait une demande de renseignements. Elle fournissait un nom, c'est-à-dire le point de départ d'un travail de persuasion personnelle.

On attaque donc ce public riche et cultivé par une publicité chère et artistique : de belles demi-pages de l'*Illustration*, de *Femina*, des *Lectures pour tous* et de *Je sais tout;* ce furent les meilleurs rendements. Dans les quotidiens, on abandonna le cliché de dernière page pour les échos de première page, les articles d'une lecture facile et agréable, les notes dans les rubriques artistiques et mondaines. Aussitôt cette publicité porta.

En même temps qu'on mettait sous les yeux du public des tableaux enchanteurs de la vie d'une famille possédant le Pianola, on faisait de la publicité pour l'oreille. On faisait entendre l'instrument. La compagnie Æolian possède, avenue de l'Opéra, une salle de concerts; elle organisa des matinées musicales.

Là encore, elle eut quelques déboires au début. Elle envoyait des milliers d'invitations gratuites : elle ne remplissait pas sa salle. Le public français est ainsi fait que, si vous lui offrez gratuitement quelque chose, il suppose que c'est sans valeur et ne s'en soucie pas. On aurait plus facilement rempli la salle en exigeant un payement.

COMBINAISONS

Comme le public ne venait pas au Pianola, le Pianola alla au public. On le fit entendre, et avec succès, dans des concerts organisés ailleurs. Dans certaines villes, des concerts de bienfaisance, placés par exemple sous les auspices de la Croix-Rouge, fournirent une occasion au Pianola de se faire entendre d'un nombreux public, que la compagnie Æolian elle-même aurait difficilement réuni. Elle payait les frais d'organisation, naturellement.

Grâce à ces combinaisons, la compagnie Æolian faisait connaître ses instruments au public qui l'intéresse ; elle l'atteignait par les moyens qui conviennent à ses habitudes d'esprit et de vie. Elle ne se déclassait pas par des moyens populaires de publicité.

C'est ainsi, par exemple, que l'affiche fut complètement éliminée du plan de publicité. En revanche, la compagnie fournit de très élégants tableaux-réclames d'intérieur et envoie des représentants.

Enfin elle se procure des adresses de personnes appartenant au milieu social où se recrutent les clients, et leur adresse des séries de brochures et de dépliants, renfermant des cartes postales pour les demandes de renseignements, et invitations, etc.

NÉCESSITÉ DU RAPPEL D'OFFRES

Voilà donc le premier stade de la Publicité : il fait connaître au public le Pianola, ses avantages spéciaux ; il fait connaître à la compagnie Æolian les noms de personnes qu'intéresse le Pianola.

Ce n'est que le début de l'action de la Publicité.

Pour obtenir les ventes, on pratique le relancement.

Lorsque arrive une demande de renseignements, on établit trois fiches au nom de la personne qui a écrit :

1° L'une classée alphabétiquement ;

2° La seconde classée par date, pour que les relancements se succèdent en temps voulu ;

3° La troisième classée géographiquement, d'après le domicile.

Si la personne qui a écrit habite Paris, on lui envoie quelqu'un. L'agent de la compagnie consigne sur la fiche le résultat de sa visite, ses observations, ce qu'il croit pouvoir faire, ce qu'il y a lieu de dire à une prochaine visite, le moment où il faut la faire. Et ainsi de suite à chaque visite.

Les appareils à vendre sont assez cher. Une personne se décide rarement du premier coup à les acquérir : il faut donc insister, revenir à la charge. Le relancement est l'âme de cette publicité, qui s'adresse à un public restreint et où chaque affaire laisse un fort bénéfice.

Si l'on écrit une première lettre qui reste sans réponse, — c'est le cas général, — on en adresse ensuite une seconde ; on y offre, par exemple, un modèle moins cher ; dans la troisième, on parle des facilités de payement ; dans la quatrième, on propose de reprendre un vieux piano, dans la cinquième, on propose un instrument d'occasion, etc.; bref, on fait des offres de plus en plus tentantes.

Les brochures, les dépliants sont de même

envoyés par série de quatre ou cinq, qu'on fait suivre, pour le public de Paris, d'invitations aux concerts, qui alors ont toutes les chances d'intéresser, car ceux qui les reçoivent connaissent l'instrument et en ont lu des éloges persuasifs.

Il est bon de méditer de tels exemples : ils montrent que, pour les articles de luxe du moins, une campagne de publicité est une œuvre de patience, un siège long et bien mené du public. Trop souvent on se contente, en ces matières, de tirer des pétards, puis on attend le public. Si on ne le relance pas, si on n'essaye pas d'une action suivie, on perd tout le bénéfice de la curiosité provoquée par la première manifestation.

Si la compagnie Æolian, après un envoi de brochures, s'arrêtait au premier relancement, elle manquerait probablement quatre-vingt-dix pour cent des affaires qu'elle fait. Que cette leçon instruise ceux qui font un commerce analogue !

COMMENT ON LANCE

UNE EAU MINÉRALE

La Publicité de Vichy-État

Le directeur de la Société Vichy-État, M. Paul Couband, qui s'est occupé personnellement, pendant longtemps, de la publicité de sa Compagnie, a bien voulu me faire les déclarations suivantes :

« On ne saurait trop déplorer la méfiance avec laquelle les producteurs français, en général, considèrent ce merveilleux outil commercial qu'on nomme la Publicité. J'attribue, pour une grande part, l'avance prise par nos concurrents sur les marchés internationaux à notre timidité sous ce rapport.

« Et cependant, puisqu'il est admis que la réclame profite surtout aux produits supérieurs, aux produits de premier choix, n'est-il pas évident qu'elle offre à la France une arme admirable, non seulement pour maintenir son rang, mais encore pour l'améliorer?

IL FAUT DE LA MÉTHODE

« Mais les commerçants français ne se rendent pas compte que la Publicité constitue un placement de fonds, un placement forcément avantageux, s'il est fait avec suffisamment d'esprit de suite. Une campagne de publicité bien conduite, non seulement rapporte un bénéfice dans l'année même où elle est faite, mais encore donne des bénéfices supplémentaires les années suivantes.

« Mais il faut faire les choses méthodiquement. Quelques milliers de francs dépensés au hasard constituent un gaspillage inutile. Si vous ne voulez pas faire de la publicité sérieuse, n'en faites pas du tout.

« Ceci est d'autant plus vrai que la publicité, pour être efficace, coûte beaucoup plus cher aujourd'hui qu'il y a une vingtaine d'années. Lorsque, à cette époque, je pris la direction de la Compagnie fermière de Vichy, des affiches format double-colombier suffisaient à attirer l'attention ; aujourd'hui, pour obtenir un pareil effet, il faut des pans de mur entiers, des surfaces de soixante, quatre-vingts et cent mètres carrés.

« Notre publicité, qui vise particulièrement la vente des bouteilles, dépasse aujourd'hui un million de francs. Le petit tableau ci-après prouvera que l'accroissement continu des frais de publicité se justifiait au fur et à mesure par l'extension du débouché.

1895, publicité dépensée,	360 000 fr	Vente,	9 716 118 bout.
1896, — —	460 000	—	10 331 229 —
1899, — —	700 000	—	13 970 551 —
1902, — —	900 000	—	15 887 313 —
1905, — —	965 000	—	19 283 077 —
1908, — —	1 180 000	—	23 453 880 —

« Nous employons concurremment les trois modes classiques de publicité : l'affiche, la réclame dans les journaux et l'envoi de brochures à domicile.

L'AFFICHE

« L'affiche doit être de vastes proportions. Elle ne doit pas tenter de persuader : la rue n'est pas un lieu propice aux réflexions. Selon moi, elle doit agir par obsession. Lorsque le produit a la chance d'avoir un nom simple, compréhensible et suffisamment caractéristique, le meilleur procédé est la répétition de ce nom en lettres énormes. Dans ce cas, les illustrations sont inutiles, et, en matière de publicité, tout ce qui est inutile est du même coup nuisible.

L'ANNONCE

« Quant aux annonces dans les journaux, nous avons été une des toutes premières maisons à les employer. Il y a trente ans, elles consistaient en petits clichés où, à côté du nom « Vichy-État » en gros caractères, on insérait le plus de texte possible. De cette façon, ce texte restait lettre morte, puisqu'il était impossible de le lire à moins d'y apporter une attention soutenue.

« Aujourd'hui on a fait des progrès. Mon avis est que le cliché de quelques lignes dans les quotidiens a complètement perdu sa raison d'être.

« Une annonce hebdomadaire ou bimensuelle d'un quart ou d'un huitième de page sera beaucoup plus efficace.

« On en est arrivé, pour lancer un nouveau produit, à employer communément une page entière. Cette page même ne suffit plus à frapper la curiosité. Si j'avais à effectuer un lancement, moi, je louerais aussi toute une page; mais je me contenterais d'y insérer, au milieu, un cliché de vingt centimètres carrés. Voilà ce qui étonnerait, de voir un tel espace blanc dans un journal. L'effet n'en serait que plus considérable.

L'IMPRIMÉ

« La publicité à domicile a aussi évolué très vite, ces dernières années. La circulaire a vécu, le public en a trop vu ! La lettre affranchie réveille encore un peu l'attention, mais l'abaissement à dix centimes de la taxe postale lui portera un coup mortel. Selon moi, l'avenir est dans le catalogue présenté sous forme de brochure artistique. Je suis persuadé

que peu de personnes jetteront au feu un fascicule
élégant, *ayant une valeur propre par lui-même*. Le
public a le respect de ce qui coûte cher.

« Il en résulte donc que cette publicité coûteuse
ne doit pas être dispersée au hasard, mais s'adresser
seulement à des clientèles spéciales, présentant de
grandes chances de rendement.

A L'ÉTRANGER

« Le chapitre le plus important de notre budget de
publicité, — il accapare les trois quarts des ressources, soit plus de sept cent cinquante mille francs
par an, — c'est la réclame hors frontière.

« Nous sommes même une des premières maisons
françaises qui soient entrées dans cette voie.

« Nous nous sommes abstenu de tomber dans
l'errement favori du Français, celui de vouloir imposer notre goût aux autres peuples. Dans chaque
pays, nous laissons notre agent disposer à sa guise
de la somme allouée, tout en contrôlant ses dépenses,
bien entendu. Il connaît mieux que nous les habitudes et les coutumes du pays.

« Par exemple, dans l'Amérique du Nord, nous
nous contentons de la publicité par magazines, la
murale coûtant trop cher pour que nous puissions
l'aborder assez grandement pour en espérer un
résultat sérieux.

« L'Amérique du Sud est un excellent terrain de
publicité, encore en friche. Des procédés usés en
France y réussissent à merveille. La distribution

de petites primes : canifs, porte-cigares, coupe-papiers, etc., donne de splendides résultats.

« Ainsi, des dames de la meilleure société ne craignent pas de garnir de dentelles un éventail réclame, et de s'en servir dans un bal ou au théâtre un soir de gala.

« Dans les pays européens, notre réclame est moins productive, par suite de la concurrence acharnée que nous font les eaux allemandes et autrichiennes.

« Cependant la réputation de Vichy comme station thermale gagne toujours, et il y vient de plus en plus d'Américains, de Russes et d'Allemands.

« Sur la question du personnel de la publicité en France, je dois dire que, parmi une foule de non-valeurs, de déclassés, il se trouve des courtiers connaissant très bien leur métier. En tout cas, mon opinion est qu'un chef de publicité doit recevoir tous les courtiers sans exception, car il doit toujours être à la recherche d'une idée neuve, ingénieuse, d'où qu'elle lui vienne. C'est là le principe même de la publicité. »

COMMENT ON LANCE UNE MOUTARDE

La force de l'affirmation personnelle

————*————

Comment faire mettre de la moutarde dans le bain? Voilà le problème que s'est posé un jour le fabricant de la *Coleman's Mustard*. Voici comment il l'a résolu.

Dans tous les grands journaux et magazines anglais, vous voyez paraître des réclames qui sont faites toujours sur le même type, mais qui varient sans cesse comme rédaction et illustration : en haut, un dessin attrayant, aisé, représentant deux ou plusieurs personnages qui causent; au-dessous, leur dialogue. en style familier, vif, aisé, prenant.

QUELQUES DIALOGUES

Un monsieur est assis dans un fauteuil, chez lui. Sa femme entre. le chapeau sur la tête, mettant ses gants, se préparant à sortir.

« Bonjour, chérie ! Tu sors quand même ce matin ? Tu as changé d'idée.

— Non, j'ai changé l'état où j'étais. Je me sens maintenant si bien portante, si reposée, que je ne puis pas croire que je suis la même femme qui était si lasse et si nerveuse hier soir quand ils sont partis. J'avais mal à la tête, les nerfs en pointe : j'étais fatiguée, je suis sûre que j'avais pris froid, et je craignais d'être vraiment malade ce matin. Mais Marie insista tellement pour me faire prendre un bain chaud avec de la moutarde, que j'ai fini par y consentir. J'étais très sceptique : quel bien pouvaient faire deux ou trois cuillerées de moutarde jetées dans un bain ?

— Eh bien, c'est étonnant, Jacques ! L'eau était douce comme du velours, et je me sentais me délasser ; mon mal de tête disparut, et j'ai dormi merveilleusement. »

C'est ainsi qu'hommes, femmes, jeunes gens, vieillards, en mille conversations, dans les mille circonstances les plus diverses de la vie, se confient tout le bien que leur a fait, en tel ou tel cas, un bain avec de la moutarde. On voit la méthode : pas de démonstration ; des affirmations répétées, convaincantes, parce qu'elles sont extrêmement précises et détaillées. Point de généralités, point d'abstractions, une publicité extrêmement *spécialisée, individualisée, personnalisée ;* on a, en lisant ces réclames, l'illusion d'entendre de vraies conversations, de ces conversations d'amis qui sont la meilleure de toutes les publicités : « Mon cher, j'ai essayé hier quelque chose d'épatant, vous devriez essayer aussi, etc. » Le *ton* a été saisi admirablement : il y a beaucoup de finesse psychologique dans la découverte de cette méthode, qui semble si simple.

MUSTER-MISTARD

Ajoutons qu'à la fin de chaque réclame on trouve une petite illustration, qui fixe la marque et l'emploi dans l'esprit : une boîte de *Coleman's Bath Mus-tard*, représentée comme un petit bonhomme avec des bras et des jambes, verse de la moutarde dans un bain. Et au-dessous, la *formule : Let Muster Mistard prepare your bath :* « faites préparer votre bain par M. Moutarde. » Dans cette formule, il y a un jeu de mots : il faudrait *Mister Mustard*. Cette plaisanterie, que la prononciation anglaise rend assez amusante, a contribué à rendre plus frappante la formule.

En résumé, excellente campagne, originale en ce qu'elle repose sur la force de *l'affirmation* et non sur celle de la *démonstration*.

COMMENT ON LANCE UNE PLAGE
UNE VILLE D'EAU, UNE RÉGION

Les Syndicats d'initiative en Amérique et en France

M. Louis Vergne, qui fut secrétaire général de la Chambre syndicale de la publicité, et dont la mort récente est une perte pour la Publicité française, s'était occupé particulièrement de la publicité des lieux de villégiature, des stations thermales, des sites pittoresques; en un mot, de la publicité qu'on a justement nommée touristique. D'un autre côté, il avait été l'un des promoteurs les plus ardents de l'introduction de cours de publicité dans les écoles de commerce. Ce sont ces deux questions du plus grand intérêt qu'il avait développées dans l'interview qu'il avait bien voulu me donner peu de temps avant sa mort, et que je reproduis ici, car elle n'a rien perdu de son utilité.

Bien tardivement, la France s'est rendu compte

qu'elle pouvait, à l'instar de la Suisse, tirer parti de ses splendeurs naturelles. Les industries intéressées au développement du tourisme se sont réunies en syndicats d'initiative, destinés à grouper et à coordonner les efforts, dans chaque région d'abord, puis dans la France entière. Et naturellement, parmi les moyens de propagande à employer dans ce but, se trouve au tout premier rang la Publicité.

La publicité touristique est appelée en France, où les sites pittoresques et souvent rehaussés d'un prestige historique abondent, à prendre des proportions que peu de gens soupçonnent encore aujourd'hui.

Pour l'instant elle comprend simplement :

1° L'apposition, dans les gares des réseaux français, d'affiches dues au merveilleux talent de nos maîtres décorateurs ;

2° L'édition et la distribution de livrets-guides illustrés, publiés par nos syndicats d'initiative.

Si nous passons à la question des voies et moyens, nous constatons que la dépense de l'affichage, quelquefois faite par les compagnies de chemins de fer, est d'autres fois supportée à frais communs par celles-ci et les syndicats intéressés.

Quant aux livrets-guides illustrés, dont l'établissement incombe le plus souvent aux syndicats livrés à leurs seules ressources, généralement modestes, leur diffusion manque ordinairement de méthode et de précision.

Il advient que ces brochures sont généreusement

offertes à de braves gens qui n'en ont cure, et qu'on les fait payer à ceux qu'elles intéressent.

Je sais bien que le prix modeste fixé pour certaines d'entre elles a été établi dans le but d'enrayer les abus de certains collectionneurs ; mais ce prix, si modeste soit-il, est un obstacle à la large diffusion des livrets : il est en quelque sorte la négation de la Publicité.

L'EXEMPLE DE LA SUISSE

Si nous regardons autour de nous, nous voyons la Suisse merveilleusement organisée. Elle fait de l'affichage, du livret-guide et de l'annonce dans les journaux.

Les chemins de fer fédéraux et les municipalités en font les frais, de concert avec la Société suisse des hôteliers, qui édite en outre, à ses frais, un livret de plus de deux cents pages contenant les vues et les prix des hôtels, pensions de famille et établissements destinés aux étrangers. Ce livret annuel est tiré à 60 000 exemplaires, en français, en anglais et en allemand.

LES ÉTATS-UNIS

Mais si nous voulons nous initier à la Publicité, *up to date*, qui sera celle de demain sur notre vieux continent, c'est l'Amérique, cette terre classique de la Publicité, qu'il nous faudra étudier.

Les *advertisers* des États-Unis considèrent la publicité touristique comme une branche absolument spéciale, à laquelle conviennent des procédés particuliers. C'est ainsi qu'ils en bannissent complètement l'affiche.

Ils considèrent, en effet, celle-ci comme un moyen d'obsession, et préfèrent employer dans « l'invitation au voyage » la méthode séductrice, persuasive.

Voici comment ils s'y prennent :

Ils font d'abord paraître dans les journaux des annonces chargées d'éveiller l'attention du public.

Ces annonces sont brèves, rédigées en style concis, mais de telle sorte qu'elles font naître chez les intéressés le désir d'en savoir plus long sur les pays vantés, et ce désir est rapidement exaucé pour quiconque écrit au *manager* du trust, de la compagnie ou du syndicat d'exploitation annonceur.

Quelques *advertisers* vont même plus loin encore. Craignant que l'offre de l'envoi du livret à titre gracieux ne suffise pas à tenter le lecteur, ils insèrent dans ce livret, qui comprend quelquefois plus de cent cinquante pages, un roman qui en décuple la valeur attractive et détermine des gens à le demander.

Obtenir du public des demandes de livrets ou de renseignements est la quasi-certitude du succès. Le système du *follow-up* entre aussitôt en ligne.

Un des exemples les plus frappants de l'efficacité de cette méthode, c'est le développement prodigieux de Dallas, dans le Texas.

En 1880, la population se montait tout juste à 10 000 âmes. Or un club s'y est fondé, qui a pris le nom de « Club des 150 000 », parce qu'il s'est engagé à porter, en 1910, au chiffre de 150 000 la population de Dallas.

En 1900, il y avait déjà 42 000 habitants, 83 000 en 1904, 92 000 en 1910. Si présomptueux que paraisse le but visé par le club, il est donc loin d'être irréalisable.

La publicité de Dallas fut d'ailleurs admirablement faite. Elle a eu comme point de départ une phrase lapidaire, qui avait de plus le mérite d'avoir été prononcée pour la première fois par le plus haut magistrat du pays, le président de la république des États-Unis lui-même.

M. Roosevelt avait dit en effet, jadis, dans un discours : « Le nord du Texas est le jardin du Seigneur, et Dallas revendique l'orgueilleuse destination d'être le centre de ce jardin. »

Le Club des 150 000 s'est emparé de cette affirmation, qu'il a fait sertir dans le texte de ses livrets par ses écrivains de publicité, et ceux-ci n'ont pas manqué de commenter les paroles du chef d'État et d'expliquer, avec la verve et l'humour yankees, les raisons qui militent en faveur de l'orgueilleuse destinée de Dallas.

Voici une citation qui permettra d'apprécier leur ton.

Ce n'est point un exemple qu'il faudrait servilement suivre en France, mais une méthode qu'il conviendrait de modifier, suivant notre tempérament particulier. N'oublions pas de plus que Dallas n'est pas une simple station de repos, mais une ville ambitieuse, la cité « des splendides réalités » :

« La nature a béni le Texas généreusement.

« De son sein il sort assez de coton pour habiller un cinquième des habitants du monde ; assez de riz pour nourrir tous les Japonais et tous les Chinois ; assez de bois raboté pour construire des maisons à tous les sans-asile ; assez de fer pour armer la Russie militaire ; assez de blé pour faire des gâteaux pour toute la chrétienté ; assez de bœufs pour alimenter toutes les fabriques de conserves ; assez de froment pour apaiser la faim de l'humanité ; assez d'huile pour graisser toute les roues de l'univers ; assez de fruits pour charmer le goût de tous les épicuriens. Il fournit plus de marbre que Vermont, plus de granit que New-Hampshire, plus de gypse qu'un autre État, et plus de lignite que toute l'Europe.

« Un vieux proverbe biblique dit qu'une ville qui est située sur une colline ne peut pas se cacher. Ceci est aussi vrai d'une ville située en plaine. Il y a cependant d'autres et de meilleures raisons que la position géographique pour que Dallas ne puisse être éclipsée, etc. »

N'est-il pas curieux de voir avec quelle originalité les caractéristiques du pays sont mises en valeur par l'emploi d'arguments choisis?

LE LANCEMENT DES VILLES

Certaines associations ne se bornent pas à demander à un écrivain de publicité la rédaction de leurs livrets ; elles organisent des concours entre écrivains et affectent des sommes considérables à récompenser les envois intéressants.

Le Club des 100 000 de Calgary a organisé un de ces concours, qui a été doté de 450 000 francs de prix.

Certaines villégiatures se flattent de ce qu'on ne peut trouver nulle autre part un lieu aussi dépourvu de causes d'énervement que le leur.

Pinehurt (station de la Caroline du Nord), qui est du nombre, pousse le souci de la tranquillité de ses habitants jusqu'à décréter que l'on n'y fait pas d'affaires.

Il est douteux qu'il y ait, dans les États-Unis, un endroit où les personnes à l'esprit fatigué et aux nerfs surmenés se remettent aussi rapidement qu'à Pinehurt. On n'y a jamais constaté un cas quelconque de consomption ou de malaria y ayant pris origine, et ce village est le seul de la région d'où les malades de cette catégorie sont rigoureusement exclus.

Cette façon de procéder est évidemment bien américaine ; je n'affirme pas qu'il faille la proposer en exemple, mais elle peut suggérer de bonnes idées.

Plus près de nous, en Italie, en Suisse, en Allemagne, les municipalités, soucieuses des intérêts de leurs administrés, subventionnent largement, quand elles ne la payent pas entièrement, la publicité destinée à attirer l'étranger.

Elle sont en cela bien inspirées, car les dépenses qu'elles s'imposent dans l'intérêt de leurs stations, recouvrées par voie d'impôt, sont largement récupérées par les contribuables, qui tous, sans exception, profitent des recettes exceptionnelles réalisées à cause de la présence, de l'affluence des touristes. L'exemple est à méditer. Pendant qu'en France la publicité touristique, n'ayant pour élément que les maigres ressources dont disposent les syndicats d'initiative, en est encore à la période de vagissement, les stations de l'étranger drainent tous les profits, et c'est à nos propres dépens que l'excellence des méthodes de nos concurrents nous est démontrée.

Il faudrait que les municipalités de France en comprennent au plus vite l'enseignement. Elles devraient inscrire à leur budget des dépenses les sommes nécessaires à la publicité : c'est le seul bon moyen d'aboutir. Il serait illusoire de compter sur les contributions volontaires. En effet, même celui qui serait disposé à faire de gros sacrifices hésite en voyant que son voisin, qui en bénéficiera autant que lui, se refuse à l'imiter.

En tout cas, il faut recourir, si l'on veut tirer

des annonces un bénéfice considérable, à la publicité topique.

PUBLICITÉ TOPIQUE

Les Anglais désignent par ce nom la publicité qui accompagne un article dont le contenu, plus ou moins directement, renforce ou décuple même la valeur de cette réclame. Par exemple, le lendemain d'un incendie monstre, les journaux publieront, en marge du récit de ce sinistre, des réclames de compagnies d'assurance sur l'incendie.

Il est hors de doute que le gentleman, à l'esprit duquel le danger d'incendie vient de se présenter avec netteté, leur accordera beaucoup plus d'attention que s'il venait de lire un article politique ou une variété littéraire.

Je serais donc d'avis que les syndicats d'initiative français fissent aux journaux la proposition suivante : leur procurer des articles littéraires sur les différentes régions à achalander, articles qu'ils publieraient à titre gracieux, mais qui seraient encadrés par des annonces appropriées de villas, d'hôtels, etc. De cette sorte, le lecteur, intéressé par la description du pays, ne manquerait pas de consulter immédiatement les renseignements précis et pratiques qui se trouvent sur la même page.

Ces syndicats auraient tout intérêt à obtenir des descriptions de littérateurs célèbres, et les journaux n'hésiteraient pas à publier ces pages, qui non seulement ne leur coûteraient rien, mais encore leur assureraient de l'excellente publicité.

Naturellement, ces articles seraient publiés successivement dans les journaux de plusieurs régions, particulièrement d'autres régions pittoresques, là où ils ont le plus de chances de tomber sous les yeux de touristes et d'amateurs de villégiature.

LE LANCEMENT PAR LES CÉLÉBRITÉS

Une autre réclame qui convient tout particulièrement au tempérament français, c'est de lancer une ville d'eau en y attirant d'abord des gens célèbres, et en faisant ensuite publier dans les échos des journaux mondains la liste desdites personnalités. Il n'y a rien de tel pour mettre une plage en vogue. C'est par ce procédé que M. Lumière a réussi à lancer la Ciotat, près de Toulon, il y a une dizaine d'années.

Pendant plusieurs saisons, il hébergea à titre gracieux, dans de superbes villas toutes meublées, des notoriétés de l'art et de la littérature, dont la villégiature était signalée dans tous les grands quotidiens. Le procédé a parfaitement réussi.

COMMENT ON LANCE UN WHISKY

Le personnage de Johnnie Walker

Une des publicités les plus intéressantes reposant sur une personnalité créée est celle du whisky Johnnie Walker. Notons d'abord que le nom du fabricant, M. John Walker, se prêtait aisément à un jeu de mots : *to walk* veut dire marcher, en anglais ; on créa donc Johnnie Walker, qui *marche toujours*. La maison date de 1820 : on donna à Johnnie Walker le costume d'un gandin de 1820. C'était une excellente inspiration, d'abord au point de vue artistique : le costume de cette époque, le large chapeau haut de forme aux grands revers, la redingote pincée à la taille, les bottes, le face-à-main, font de Johnnie Walker une figure des plus amusantes, qu'on n'oublie pas lorsqu'on l'a vue une fois. On avait donc du coup un *style* très caractérisé, très amusant pour les clichés. D'autre part, cette mode 1820 soulignait l'*ancienneté* de la maison, ce qui était aussi excellent. Enfin le 'jeu de mots était très bien exploité par les vers suivants ou d'autres inscriptions analogues :

Les modes viennent et passent.
Il n'en est pas de même de Johnnie Walker : né en 1820, il marche encore vite et bien, comme vous voyez.

LES PROMENADES DE JOHNNIE WALKER

Ayant trouvé ce personnage admirable, la maison eut la sagesse de faire porter toute sa publicité par lui, ce qui le rendit vraiment populaire. Vous rencontrez Johnnie Walker dans tous les milieux, dans toutes les circonstances de la vie, dans toutes les scènes, présentes ou passées, d'actualité ou d'invention, toujours souriant, toujours lorgnant, toujours marchant. Il passe : on le reconnaît du premier coup d'œil, et on regarde dans quel milieu nouveau il apparaît. Il n'y a sans doute pas un Anglais qui ne connaisse aujourd'hui « Johnnie Walker », et en France il a fait son apparition.

COMMENT ON LANCE
UN GRAND MAGASIN

La Publicité du " Printemps "

C'est une étude fort instructive que celle de la publicité des grands magasins : elle nous révèle bon nombre de principes, dont on doit tenir compte et faire son profit pour toutes les publicités.

Il n'est pas étonnant que les grands magasins aient pu très vite perfectionner leur publicité : ils avaient l'avantage du contrôle immédiat. Lorsqu'ils organisaient une grande « journée », dès le soir ils pouvaient exactement mesurer la valeur de la réclame faite à l'affluence et au nombre des achats.

Leurs ressources leur permettent, d'autre part, de dépenser largement, d'employer tous les modes de publicité connus et de consacrer des sommes considérables aux meilleurs. Enfin la concurrence qui existe à Paris, entre plusieurs grands magasins se disputant à peu près la même clientèle, les a entraînés tous à un emploi vraiment extensif de la Publicité et à l'introduction d'un véritable luxe dans la réclame.

LA CONCURRENCE POUR LA PUBLICITÉ ARTISTIQUE

Il n'y a pas seulement maintenant rivalité entre les magasins, il y a concurrence entre leur publicité. Tous couvrant les murs de Paris d'affiches, tous envoyant à domicile des catalogues, chacun s'est préoccupé de fournir au public les plus jolis. Il ne s'agit plus seulement pour un grand magasin d'avoir les robes les plus élégantes, les étalages les plus attrayants : il faut qu'au milieu de toutes les affiches qui couvrent un mur, les siennes se fassent remarquer comme les plus belles ; il faut qu'au milieu de tous les catalogues qu'une femme reçoit chaque jour, les siens tranchent par leur luxe et leur parure artistique.

Et comme de jolies femmes vont de couturier en couturier et de modiste en modiste à la recherche de la robe ou du chapeau qui leur assurera le succès, qui les fera remarquer entre toutes, de même les grands magasins vont d'imprimeur en imprimeur, d'artiste en artiste, cherchant celui qui leur fera, pour leur exposition de blanc ou leur mise en vente de jouets, l'affiche qui les fera remarquer entre tous leurs rivaux. Il y a maintenant une concurrence de publicités des grands magasins, se disputant un regard du public.

Cette rivalité, appuyée de solides capitaux, a donné lieu à une véritable prodigalité. Je crois pouvoir dire que c'est le Printemps qui a ouvert la marche. Lorsqu'il a changé de direction, il y a quelque sept ou huit ans, il n'était pas parmi les plus fréquentés des grands magasins de Paris. Résolument il a voulu se faire une réputation d'élégance et conquérir la faveur des femmes, et pour cela il a eu confiance en la Publicité.

Il a fait un effort considérable. Personne n'a oublié les magnifiques catalogues qu'il envoyait à domicile ; c'étaient de splendides brochures avec tirage en trois couleurs, irréprochables similis, le tout imprimé sur de beaux papiers glacés, recouvert de couvertures d'un goût charmant. On regardait, surpris, les albums ; on les feuilletait, on les montrait, on les conservait sur la table du salon. On ne pouvait sortir sans voir sur tous les murs des affiches du même magasin, aussi parfaites en leur genre, révélant le même goût, le même souci de l'art et de l'élégance, donnant la même impression de richesse.

PAR LA PUBLICITÉ ON JUGE DU GOUT DE LA MAISON

On ne pouvait résister : on allait voir ce magasin, se disant avec raison que s'il déployait tant de goût dans sa publicité, que s'il s'y révélait si aisément supérieur, il avait dû faire un plus grand effort encore pour retenir les clients qui venaient visiter ses rayons.

En quelques années, le Printemps se mit parmi les tout premiers magasins de Paris; il entre en lutte aujourd'hui avec les plus anciens et les plus célèbres. C'est un incontestable succès de la Publicité.

Comme il arrive toujours, les concurrents du Printemps ont dû le suivre dans la voie où il s'était engagé. Les plus riches, les plus parisiens d'entre eux envoyaient encore, il y a quelques années, des catalogues imprimés sur du papier chandelle, illustrés d'affreuses vignettes. Leurs affiches étaient généralement l'affiche typographique la plus ordinaire, annonçant en quelques mots une exposition de blanc ou de fourrures

Les grands magasins partaient du principe que la femme cherche ce dont elle a besoin; qu'il suffit par conséquent de la renseigner dans un catalogue sur les prix et les modèles. « Il n'y a pas besoin, se disaient-ils, de se donner de mal pour saisir son attention et pour la garder : le catalogue intéresse la femme plus que bien des romans, elle le lira jusqu'au bout, même s'il est mal imprimé. De même, la plupart des Parisiennes attendent telles et telles expositions : elles iront sûrement. Il suffit de leur faire connaître la date. »

Le raisonnement n'était pas faux; mais, du jour où un grand magasin se décidait à ajouter la force de vente à tous ces avantages de ses réclames, il prenait néanmoins une énorme avance sur tous ses rivaux. En effet, immédiatement, et par une opération intuitive de l'esprit, on attribuait à ce qu'il vendait la supériorité que révélait sa publicité. Les procédés plus parfaits de reproduction mettaient d'abord en valeur les différents articles, et puis, même indépendamment de la meilleure présentation des modèles, le magasin se classait comme élégant, très parisien par le style de sa publicité, et il devait bénéficier de cette réputation.

Cela est si vrai, que tous les grands magasins s'aperçurent vite qu'il fallait suivre le Printemps ou qu'ils allaient perdre la faveur de leur clientèle. Je n'ai pas besoin d'insister sur l'énorme effort de publicité qu'ils font tous et sur la transformation de tous leurs imprimés, chaque jour plus artistiques et luxueux.

COMMENT ON LANCE
UNE AUTOMOBILE

La publicité de la marque Charron

———✦———

Créateur d'une marque d'automobiles réputée, M. Charron est en même temps l'un de nos sportsmen les plus en vedette. Comme sa fabrication s'adresse plus spécialement à une clientèle de grand luxe, ses déclarations nous apportent d'intéressants points de vue sur la publicité spéciale et délicate qui convient à cette clientèle.

« Pour être à même de faire une bonne publicité au bénéfice d'une maison d'automobiles, me dit-il, il ne suffit pas d'avoir beaucoup d'imagination, il faut aussi un jugement très pénétrant. Si l'on ne choisit pas avec grande attention les journaux où la publicité peut rendre, on court le risque d'en gaspiller la plus grande partie sans avoir même une chance de profit.

« La forme que prendra cette publicité dépend aussi du genre de voitures mises en vente. Pour la voiturette d'un prix relativement modeste, l'annonce me semble indiquée. Mais c'est une question que je n'ai pas approfondie.

« Je préfère donc aborder tout de suite le sujet que je connais le mieux : la publicité pour l'automobile de luxe.

« Celle-ci est toute particulière. Elle vise une classe déterminée et peu nombreuse. Elle ne doit donc pas s'éparpiller en efforts multiples, mais se concentrer au contraire sur quelques points judicieusement choisis.

LA PUBLICITÉ LA PLUS CHÈRE EST LA MEILLEURE

« C'est ce qui me conduit tout de suite à déclarer qu'il ne faut pas se laisser effrayer par le prix. La publicité la plus chère est bien souvent la meilleure et, proportionnellement, la plus efficace, donc la plus économique.

« Laissez-moi vous déclarer ensuite que j'ai personnellement l'affiche en horreur, bien que je n'en conteste pas l'excellence lorsqu'il s'agit de lancer un produit de première nécessité et de grande consommation.

« L'affiche exclue, je passe naturellement à l'annonce, qui est l'affiche du journal, et qui ne m'inspire pas beaucoup plus de sympathie que sa grande sœur.

« La seule publicité qui me semble vraiment convenir à un produit de haut luxe, c'est en somme celle qui affecte une allure discrète, bien élevée,... c'est l'écho de première page, ou la notice dans la rubrique « automobile ».

« Qu'il me soit permis de m'étendre un peu sur ce sujet. La rubrique « automobile », en tant que publicité, est un peu ma création. C'est moi qui ai eu le premier l'idée de glisser des communiqués payants parmi les nouvelles qu'elle contenait autrefois. Du reste, les journaux, pour qui elle est devenue une source de revenus importants, m'en gardent quelque reconnaissance. C'est ainsi que le *Figaro* et le *Gaulois* veulent bien assurer toujours à mes insertions le pas sur toute autre, même plus importante.

« Je signale, en passant, que j'estime qu'il y a intérêt collectif de la part des fabricants d'automobiles à soutenir ces rubriques par de petites contributions volontaires, même dans les journaux où la Publicité n'a aucune chance d'être directement efficace. Elles permettent de maintenir un contact plus étroit entre la presse et notre industrie.

« La rédaction des échos et des nouvelles sportives de publicité demande un certain tact, un certain doigté.

DES FAITS

« A mon avis, elle ne doit jamais consister à répéter à époques fixes, et sous une forme plus ou moins neuve, des louanges de la maison en cause.

16

Échos et nouvelles doivent contenir un fait, plus ou moins important en lui-même, mais susceptible d'éveiller l'intérêt ou de frapper l'attention du lecteur visé.

« Dans ces conditions, il ne faut pas régler son budget d'avance avec trop de précision, mais au contraire lui maintenir une certaine souplesse, de façon à pouvoir saisir au bond l'actualité pittoresque, lorsqu'elle se présente, pour la mettre en valeur.

« C'est là que gît la difficulté, et, si j'ose m'exprimer ainsi, l'art du métier de l'annonceur. L'écho sans moelle, l'écho banal qui louange à vide produit, sur un public quelque peu raffiné, un effet opposé à celui qu'en attend son auteur : il lui devient désagréable. D'autre part, lorsque l'allusion à l'actualité est trop artificielle, trop manifestement « tirée par les cheveux », elle arrive, à la longue, à exaspérer le lecteur.

« Je ne saurais trop insister sur ces deux formes de publicité : l'écho et la nouvelle sportive, parce qu'elles sont les seules qui cadrent avec les tendances modernes.

« Qu'on en pense ce qu'on veut, du bien ou du mal, il faut constater qu'aujourd'hui on lit de moins en moins. Ces quelques lignes, qui peuvent intéresser sans fatiguer, me semblent donc l'idéal. La rubrique hebdomadaire ou bimensuelle que certaines maisons insèrent dans les quotidiens, dans un but didactique, me semble constituer une fausse manœuvre. Les gens du monde ne liront pas ces explications techniques,... l'article est d'une longueur redoutable et redoutée.

« Quant à la publicité postale, en tant que circulaires, je suis convaincu de son inutilité, — toujours au point de vue spécial, bien entendu ; — par contre, j'attache une grande importance à ce que mes catalogues soient soignés, chics, artistiques. Ils forment d'élégantes brochures que mes clients ont plaisir à conserver. Ils constituent ainsi une réclame d'autant plus efficace, qu'ils contiennent un genre de publicité dont j'ai toujours eu à me louer particulièrement : la liste de références. J'intercale dans chacun de mes catalogues la liste des personnalités illustres, connues ou notoires, qui emploient mes voitures, — après en avoir sollicité la permission, naturellement.

LA COURSE

« On ne saurait aborder le chapitre de la publicité de l'automobile sans toucher à la course, qui fut autrefois une réclame puissante.

« Mais il faut avouer que c'est une question rétrospective. La course de vitesse, en tant que publicité, ne paye plus ce qu'elle coûte, et ne prouve plus rien au point de vue fabrication. Déjà, à l'époque où j'ai monté ma maison, la période était finie. La course n'en a pas moins été le moyen le plus énergique et le plus rapide d'attirer sur l'industrie automobile l'attention publique. Toutes les inventions sportives, à leur naissance, devront avoir recours à elle, si elles veulent progresser avec rapidité. L'aviation saura en faire usage, et c'est grâce à elle qu'elle passionnera les foules. La course constitue le lancement par excellence.

« Je lui dois d'autant plus ce témoignage, qu'en le rendant j'acquitte une dette de reconnaissance.

« C'est par elle que je me suis fait personnellement connaître, et je lui dois en partie d'être devenu ce que je suis.

« Et, après tout, indirectement, mais sûrement, ma firme a profité des courses d'autrefois, puisque la notoriété de mon nom a contribué à sa prospérité.

« Je ne m'occupe pas personnellement de la publicité à l'étranger. J'estime que mes agents, qui connaissent mieux que moi les mœurs et les journaux du pays, sont plus à même d'éviter les erreurs et les maladresses.

« J'ai pris également pour principe, et je m'en trouve fort bien, de ne pas attribuer des sommes fixes à cette publicité, mais de la payer par une remise supplémentaire faite à mon représentant sur le chiffre de ses affaires.

« Pour la France, mon budget se monte actuellement à une cinquantaine de mille francs. Il n'a guère varié depuis que j'ai fondé la maison. J'estime que le chiffre de publicité doit augmenter en rapport du chiffre des ventes, avec une seule restriction, c'est qu'on doit renoncer à maintenir cette proportion lorsqu'on borne la limite de ses moyens de production, ce qui est mon cas. »

COMMENT ON LANCE UN BRILLANT

I. La Publicité par la formule : le " Zog "

———✦———

Le *Zog* est un produit anglais qui sert avant tout
à nettoyer les surfaces peintes; mais on peut l'employer aussi pour la porcelaine, l'argenterie, etc.
Le nom n'a aucune signification. Il a été forgé par
le fabricant et est fort bien trouvé : sonore, bref,
facile à retenir et à prononcer, frappant et amusant.

Très habilement, la Publicité l'a mis en évidence
et s'est efforcée de le populariser en en faisant un
synonyme de nettoyer et en l'employant comme
un verbe.

Le produit a été lancé par de grandes annonces,
— une page, une demi-page, — dans les journaux
et les magazines. Toujours on voit la boîte qui porte
en gros caractères le mot *Zog* en lettres très caractéristiques, avec cette seule addition : « Nettoie la
peinture. »

Au centre ou en belle place dans l'annonce, une

formule attire l'attention : *Zog it off*, c'est-à-dire
« Zoguez-le, ou enlevez-le en le zoguant. » De
l'ensemble il résulte clairement que « zoguez » veut
dire nettoyez avec le *Zog*. Le texte explique : « Si
vous brossez une peinture, vous l'usez et vous l'enle-
vez en même temps que les taches. La saleté s'y
fixera plus facilement. Des peintures frottées n'ont
jamais l'air propre. Le *Zog*, appliqué avec un chif-
fon mouillé, enlèvera la saleté et fera paraître la
peinture neuve, etc. »

Au printemps, grandes annonces : « Si vous voulez avoir un bon nettoyage de printemps, examinez
toutes les peintures de votre maison, et partout où
il y a de la saleté... *zog it off*. »

Avec vues des portes, escaliers, baignoires, che-
minées, etc., que l'on doit zoguer; ou encore :
« Épargnez-vous une note de peintre; au lieu de
faire repeindre, zoguez, etc. »

IDÉES AMUSANTES

Voici enfin deux idées très amusantes de clichés
trouvées pour cette publicité. Tout autour de
l'annonce, des empreintes de mains, des marques de
doigts sales, de pouces, etc., et l'inscription *Zog
it off*, qui devient ainsi singulièrement expressive.
Ce cliché a conduit à un second tout à fait excellent.
Un bandit masqué tient en mains une boîte de *Zog*
et efface des empreintes digitales qu'il a laissées sur
une porte. Voilà une idée très nette, qui est admira-

blement mise en lumière, et une Publicité parlante admirablement organisée pour créer chez les ménagères le besoin du *Zog*.

II. Une campagne reposant sur la qualité

Voici une campagne anglaise pour un autre brillant, le « Glosso », qui est intéressante par la tactique choisie. Toute la force des arguments repose sur la qualité, l'essai. Les seules illustrations des annonces sont la reproduction de la boîte. Le côté humain de l'emploi est laissé entièrement de côté : *l'avantage* du produit est exposé sur le ton sérieux et pressant d'une discussion d'affaires.

APPEL PERSONNEL

Voici le début d'un dépliant envoyé aux détaillants quelques jours avant le début de la campagne de presse :

Je vous demande de me faire le plaisir de faire polir par un garçon les cuivres et les métaux de votre magasin avec du « Glosso », je vous en envoie une boîte à cette intention.

Je vous demande votre opinion sur ce brillant. Je me permets d'insister, au risque de vous ennuyer, pour avoir cette opinion, parce que je m'intéresse beaucoup à ce nouveau produit que nous lançons. Je suis convaincu qu'il est supérieur à tous les brillants qui se trouvent sur le marché et qu'il est sans aucun doute le plus économique.

Je sais que vous avez une quantité de brillants dans votre magasin en ce moment, que vos étagères en sont encombrées, qu'il y en a beaucoup que vous ne pouvez vendre, et je n'espère pas que vous en ajoutiez un nouveau, à moins que vous ne soyez sûr qu'il ne restera pas dans votre magasin.

Je suis sûr que votre garçon qui emploiera le « Glosso » vous dira qu'il peut gagner au moins une heure chaque matin en polissant les métaux de votre magasin avec du « Glosso ». Vous vous en assurerez vous-même, si vous le regardez faire. Vous verrez qu'il ne sera pas fatigué quand il aura fini, et que les métaux de votre magasin n'auront jamais été aussi brillants : ils n'auront pas besoin d'être faits tous les jours, etc.

Signé : Géo P. Hargreairs.

L'ÉCHANTILLON

Les annonces du « Glosso » paraissaient en même temps dans les plus grands journaux anglais. Voici le texte de l'une d'elles :

AVEZ-VOUS REÇU LA BOÎTE DE « GLOSSO »
ENVOYÉE GRATUITEMENT ?

Dans ce cas, vous conviendrez combien il est supérieur aux brillants ordinaires. Vous vous apercevrez qu'il fait mieux briller les métaux, et dans le tiers du temps qu'il fallait autrefois, sans avoir besoin de frotter fort, sans se salir les mains ni les habits.

Certainement, vous continuerez à vous en servir après cet essai : votre épicier vous fournira des boîtes à 1 franc, 5 centimes et 20 centimes.

Ceux qui n'ont pas encore reçu leur échantillon gratuit n'ont qu'à nous envoyer leur nom et adresse et celle de leur épicier sur une carte postale, et ils le recevront aussitôt.

(Adresse avec clef.)

COMMENT ON LANCE
UNE MACHINE A ÉCRIRE

La Publicité de la " Remington "

M. J.-H. Haendel, qui fut directeur de la section française de la compagnie des machines à écrire Remington, a dirigé pendant vingt ans son service de publicité lui-même. Il a bien voulu expliquer sa théorie de publicité et la manière dont il a lancé en France la machine Remington.

« La première qualité, à mon avis, d'une publicité, c'est d'être personnelle, originale, neuve. Je ne me suis pas écarté de ce principe, et je m'en suis fort bien trouvé. La Publicité doit attirer l'attention, elle ne peut le faire qu'en employant un procédé nouveau. La curiosité s'émousse vite ; pour l'exciter avec des moyens rebattus, il faudrait la prendre en quelque sorte de vive force, par la masse, l'étendue, en un mot par les proportions gigantesques d'une publicité.

« Inutile de vous démontrer combien ce moyen est absurde au point de vue commercial, puisqu'il ne rendrait pas ce qu'il coûterait, à beaucoup près. Il a pu réussir dans les débuts, à l'heure où la réclame était encore timide, presque pudique; mais aujourd'hui où elle a tout envahi...

« Il reste donc la ressource de l'originalité. Pour être parfaite, celle-ci doit, de plus, avoir le mérite de ne pouvoir être reprise avant longtemps par un autre annonceur, surtout par un concurrent. Quelques exemples vont préciser ma pensée.

LA RÉCLAME LUMINEUSE

« Prenons d'abord un type d'idée originale, mais aisément copiable : la réclame lumineuse.

« Quand, il y a quelque dix ans, on inaugura ce système de publicité, je l'employai aussitôt pour la *Remington*. C'était excellent. Il y avait à peine quelques-unes de ces annonces sur toute la longueur des boulevards, et les promeneurs levaient tous les yeux pour les regarder. Mais six mois plus tard j'arrêtai net cette réclame, et je ne l'ai jamais reprise depuis. J'estime même qu'aujourd'hui c'est pure folie d'employer ce procédé. Les étages supérieurs de files entières de maisons sont brillamment illuminés. Toutes ces réclames se font du tort les unes aux autres.

« Voilà donc un exemple de réclame parfaite au début, mais qui, par la force des choses, devient rapidement exécrable. Passons à l'idée dont l'originalité durera :

DANS LE MÉTRO

« J'avais remarqué, en 1900, que la compagnie du métro de Paris dédaignait de faire de la publicité sur les voûtes des escaliers de ses stations. La position inclinée de ces voûtes en faisait cependant d'excellents panneaux de publicité, exposés chaque jour aux regards des innombrables voyageurs qui descendent les escaliers.

« Je demandai donc à la compagnie du métro la concession de l'affichage sur ces voûtes. Elle me fut accordée à un prix dérisoire pour un certain nombre d'années J'assurai ainsi 'une publicité à la compagnie *Remington*, et lui fis faire en même temps une excellente affaire. Car nous ne pouvions songer à employer pour notre usage exclusif toute cette superficie ; nous en louons des emplacements à des commerçants d'une branche différente.

« Mais là n'est pas encore le champ le plus fertile pour l'initiative intelligente. C'est dans la partie la plus importante de la publicité qu'elle s'exerce le plus fructueusement, dans la publicité spéciale, j'entends par là celle qui s'adresse à une classe déterminée d'individus. Lorsqu'on s'adresse au public en général, les arguments employés doivent rester quelque peu vagues et imprécis. Tout au contraire, lorsque vous vous adressez aux hommes d'une même profession, d'un même labeur, il ne dépend que de vous de leur présenter des raisons pour ainsi dire palpables, et sous une forme qui parlera directement à leur bon sens, qui forcera leur attention.

L'APPEL AUX NOTAIRES

« Tenez, les notaires sont des gens à qui la machine à écrire est appelée à rendre de nombreux services, des services tout particulièrement spéciaux. Vous n'ignorez pas, entre autres points, que leurs expéditions d'actes doivent comprendre de quinze à dix-huit syllabes à la ligne réglementairement, d'où le besoin d'une longue habitude pour les rédiger. Croyez-vous qu'il n'est pas intéressant de signaler aux tabellions qu'avec notre caractère *grand italique*, la *Remington* répond exactement à cette nécessité ?

« Mais, de plus, il faut amener le notaire à lire cette remarque et d'autres tout aussi intéressantes pour lui. A cette fin, il faut d'abord attirer son attention.

« J'ai donc établi un dossier *mécanographié*, c'est-à-dire la copie à la machine à écrire d'un acte... doublement authentique, si j'ose dire, puisqu'il a été établi d'après la réalité, copie enfermée dans une chemise exactement semblable à celles employées dans les études de notaires.

« A la suite de la copie, se trouve simplement un exposé des avantages qu'offre l'emploi des machines à écrire dans une étude, et en particulier celui de la *Remington* « notariale ».

« Pas de prix, ni de catalogue : notre adresse sur la couverture, c'est tout... Ah ! encore, la liste des concours de vitesse où la Remington a triomphé, mais la liste simple, sans phrases, sans bluff !

« Et cette publicité a rapporté énormément. Notez que nous ne regardons jamais à l'argent en ce qui touche à notre réclame. Rien n'est trop cher, rien n'est trop beau. Même notre papier à lettres, nos enveloppes, nos en-tête, tout est de qualité supérieure, net, plaisant à l'œil. C'est la première réclame, la plus élémentaire, mais non la moins utile.

« En ce qui concerne ces modèles de dossiers, je me suis arrangé pour qu'ils soient distribués à plat, ni roulés, ni pliés. De plus, sachant que les notaires changent chaque année la couleur de leurs dossiers et qu'ils s'efforcent de découvrir des dispositions nouvelles, j'avais fait composer spécialement une couverture en quadrillé havane... Nous avons reçu beaucoup de lettres de notaires, nous demandant amicalement de bien vouloir leur communiquer l'adresse de notre fournisseur. Excellente entrée en rapports !

« Mais le souci de bien faire ne comporte pas le gaspillage. C'est ainsi que je n'ai pas envoyé ce dossier, dont le prix de revient est élevé, à tous les notaires de France. J'ai fait une sélection, devinez laquelle.

— Vous avez négligé les petites études.

— Erreur ! le notaire de campagne, dépourvu de

clercs expérimentés, a plus besoin que les autres de la machine à écrire pour obtenir des expéditions convenables. J'ai adressé ce dossier à tous les notaires dont les inscriptions ne remontent pas à plus de quinze ans. Les vieux sont, en général, bien trop routiniers pour changer leur manière de faire.

« Mais pour en revenir à la publicité originale et... non brevetée, à la publicité qu'on ne peut pas copier, en voici un modèle :

L'APPEL AUX MAIRES

« C'est une petite brochure splendidement tirée sur papier de luxe, portant sur sa couverture, sous une vue de l'Hôtel de ville de Paris, ces simples mots :

QUELQUES ÉDIFICES MUNICIPAUX
DE FRANCE

COMPLIMENTS
de
The Remington Typewriter C⁰
8, Boulevard des Capucines, Paris

« Il y a dans ce livre la reproduction d'une centaine de mairies françaises qui emploient la *Reming-*

ton, et une attestation de chacune sur les services que notre machine leur rend. Pas de réclame personnelle, pas de boniment ; nous donnons simplement la liste de nos succursales, et, notez encore une fois ce fait, pas un seul prix n'est indiqué.

« Notre seule collaboration à ce volume consiste en la lettre suivante, placée à la page 2.

Monsieur le Maire,

Avant qu'ils aient pu utiliser notre machine, Messieurs les maires des municipalités qui nous honorent, ici, de leurs éloges, avaient sur elles l'opinion que vous en avez vous-même en ce moment :

Trop chère,
Trop difficile,
Trop dispendieuse,
Trop... tout ce qu'il vous plaira.

Toutes les machines à écrire peuvent être achetées meilleur marché que la *Remington*... ; mais... ?

Quant aux avantages, un catalogue est d'honnête composition.

Celui-ci n'est pas rédigé par nous, mais par ceux dont l'appréciation s'est considérablement modifiée depuis qu'ils ont acheté nos machines. Avant, nous leur étions indifférents, maintenant ils nous estiment.

Toutes nos ventes nous ont fait des amis : nous en comptons plus d'un million ; nous sommes pourtant encore bien jeunes, tout en étant les plus anciens.

Civilités empressées.

REMINGTON TYPEWRITER C^o.

« Cette brochure a été envoyée à tous les maires de France et des colonies françaises, ainsi qu'à un grand nombre de fonctionnaires de tout ordre. Rendement énorme !... et impossibilité matérielle de nous imiter avant très longtemps !

— En somme, c'est la publicité postale, celle qui atteint directement le client possible, qui jouit de votre préférence?

— Incontestablement. La publicité dans les journaux est mauvaise, parce que les clichés viennent mal, « ne rendent pas » sur les rotatives. Celle dans les magazines, en France du moins, ne vaut rien, parce que les pages de publicité sont, en général, si mal composées, si peu attrayantes à l'œil, que peu de gens prennent la peine de les feuilleter.

— Vous pensez donc que la publicité française est encore dans l'enfance?

— Certes, et c'est lamentable. Les gens, chez nous, s'improvisent courtiers de publicité... tout simplement. L'insuffisance technique de ces amateurs est flagrante.

« Aussi comment les annonces sont-elles faites? Vagues, imprécises, sans caractère propre, inutiles, surannées ! Vous n'avez qu'à ouvrir un quotidien ou un périodique pour passer en revue tous les types de la mauvaise annonce !

« Ainsi nous avons encore aujourd'hui des concurrents qui perdent leur argent et leur temps à proclamer que la machine à écrire va plus vite que la plume.

« C'était excellent il y a vingt ans, quand nous étions les seuls, ou presque, à prôner la machine à écrire. Mais aujourd'hui que deux millions de machines sont répandues à travers le monde, à quoi bon faire de la publicité en faveur de la machine à écrire en général? C'est enfantin.

« Si parfois nous faisons de la réclame dans des publications, c'est surtout dans des organes spéciaux, et croyez bien que nous nous gardons comme de la peste des formules inexpressives chères aux annonciers français :

« C'est le meilleur, le plus merveilleux, l'incomparable, etc. »

« Tenez, voilà un exemple, entre mille, de formule employée par nous. »

Et M. Haendel me tend un petit journal, *la Revue de l'enseignement comptable*, où se trouvent ces simples lignes :

NOUVELLES

Remington

X & XI

Elles ont d'abord les mérites que les Remington ont toujours eus.

Elles ont aussi les mérites que toute autre machine peut avoir.

Elles ont encore d'autres mérites qu'aucune machine n'a jamais eus.

J'interroge ensuite M. Haendel sur la façon dont il envisage l'avenir de la publicité.

17

« Vous connaissez mon principe, me répond-il :
« Du nouveau, encore du nouveau, toujours du
« nouveau ! » A ce compte-là, l'évolution sera rapide,
d'autant plus rapide que l'utilisation de la réclame
sera plus générale. Il est difficile de préciser, mais
je conçois néanmoins que la prochaine innovation
sensationnelle sera la réclame sur les nuages, qui a
déjà été tentée en Amérique, mais qui n'a pas encore
été réalisée pratiquement. Après, mon Dieu !
ce sera le grand saut dans l'inconnu. Réfléchissez
une minute que l'homme a cinq sens, et que la
réclame n'en a encore exploité qu'un : la vue. La
vulgarisation du phonographe, à mon avis, con-
duira avant peu à ce qu'on exploite le sens de l'ouïe.
L'odorat, pour de certains articles, se prêtera de
façon magistrale à la Publicité. La distribution des
sachets parfumés ne constitue-t-elle pas un timide
premier pas dans cette voie?... »

COMMENT ON LANCE UN VIN

Pour supplanter les crus français
en Angleterre

———★———

Un grand effort est fait en Angleterre pour remplacer les vins français et espagnols par des vins « britanniques » venant du Cap et d'Australie. Cette tentative est favorisée par le gouvernement : les cuirassés ne sont plus baptisés avec du champagne, mais avec du vin anglais. C'est un impérialisme commercial qui peut avoir des conséquences très graves pour l'exportation française.

Bien que certains de ces vins anglais ne soient pas d'un goût désagréable, il leur était vraiment difficile de supplanter les vins français, dont la réputation est faite partout et depuis des siècles. En revanche, les vins d'Australie ou du Cap possèdent un grand avantage : leur prix est beaucoup moins élevé. Une bouteille de bordeaux coûtant à Londres 4 fr. 35, à peu près la même qualité et quantité de vin anglais ne vaudra que 2 francs. Une telle différence de prix justifiait une campagne de publicité intense, et les marchands anglais qui importaient une des marques les plus connues de vin australien, le *Keystone Bourgogne*, résolurent de la faire.

Voici comment ils s'y prirent d'après une interview donnée par l'un d'eux à l'*Advertising World* :

« Nous fîmes des annonces, tenant une demi-page, dans quatre des principaux journaux quotidiens de Londres et dans dix des principaux journaux de province : le texte de nos annonces était rédigé de manière à frapper le public. »

Voici la traduction d'une partie du texte d'une de ces annonces :

ENVOYEZ DOUZE SOUS
ET VOUS AUREZ UN FLACON
4 FOIS AUSSI GRAND QUE CELUI-CI

Cinq cent mille flacons d'une pinte seront envoyés en cadeau aux personnes qui rempliront le coupon ci-contre et le renverront aux propriétaires.

Cela veut dire que cinq cent mille personnes vont pouvoir goûter et savourer chez eux le goût exquis et le bouquet délicieux de ce vin généreux aux frais du propriétaire.

Cette offre extraordinaire est faite pour que le Bourgogne de Keystone, qui est récolté sous le drapeau anglais, soit connu et apprécié partout.

Cela signifie que les propriétaires du Bourgogne de Keystone ont une confiance assez absolue dans l'excellence de leur vin, sont si parfaitement certains qu'il plaira partout où il sera goûté, qu'ils font cette offre inouïe.

Sous la Croix du Sud

A douze mille milles d'ici, sous le ciel chaud et favorable de l'Australie méridionale inondée de soleil, on peut voir une paisible et joyeuse scène : c'est la récolte des grappes savoureuses dont sera fait le Bourgogne de Keystone... »

Suit une longue description des vignes australiennes, de la fabrication du vin australien, une énumération de ses avantages.

C'est une annonce *raisonnée*, on le voit, où tous les éléments patriotiques, pittoresques, sont utilisés. Le cliché est excellent : la bouteille indique aussitôt de quoi il s'agit et fixe en même temps la marque dans l'esprit du public. Chacun des coupons a naturellement une clé.

L'ÉCHANTILLON

« Le résultat d'une seule insertion dans quatorze journaux fut la demande de 6 000 bouteilles échantillons. Après cet envoi, notre vente augmenta considérablement, et nous fûmes convaincus qu'une bonne publicité faite pour le vin australien serait un succès. Naturellement, cette première tentative nous avait coûté cher : le prix des annonces, le prix du vin, l'expédition et l'envoi de 6 000 bouteilles coûtent une jolie somme ; mais nous étions contents du résultat.

« Nous décidons alors de publier une seconde annonce d'une demi-page dans les journaux de Londres seulement : nous offrions 6 verres à bordeaux, forme sifflet, à tout acheteur d'une bouteille de bourgogne Keystone de 2 fr. 5o qui nous enverrait le reçu de son épicier prouvant qu'il avait pris une bouteille de notre vin. Le résultat fut étonnant : nous reçûmes d'un seul journal 5 000 coupons.

« Nous avons adopté aujourd'hui une **autre** méthode : nous offrons 37 prix, variant de 25o francs à 12 fr. 5o, aux premières personnes qui nous enverront le plus grand nombre de quittances pour une bouteille de Keystone-Bourgogne achetée pendant un mois. Toute personne prenant part au concours recevra une bouteille.

« Bien que nous ayons dû augmenter nos prix, nous avons vendu deux fois plus en 1908 qu'en 1907, et notre vente pendant les derniers mois de 1908 est quatre fois ce qu'elle était pendant les mois correspondants de 1907. »

Cette campagne et son succès doivent faire réfléchir nos producteurs de vins de Bourgogne et du Bordelais. S'ils n'adoptent pas de pareilles méthodes, ils sont sûrs de perdre les marchés étrangers.

COMMENT ON FAIT DE LA PUBLICITE
POUR UN HOPITAL

Charité bien entendue

————★————

Rien n'assure un meilleur rendement à la publicité que la substitution du concret à l'abstrait. Chose curieuse : une des meilleures applications de ce principe a été faite par une publicité charitable pour les hôpitaux de Londres, que je trouve décrite dans l'*Advertising World*. Sur les comptoirs des bars se trouve une tirelire, portant une sorte d'horloge sur sa face antérieure. En haut est une ouverture pour jeter une pièce de monnaie, — un gros sou, un penny, et au-dessous de l'ouverture, bien en évidence l'inscription suivante : *S'il vous plaît, entretenez pendant une seconde les hôpitaux de Londres.*

Et si vous jetez un penny dans l'ouverture, vous voyez l'aiguille de l'horloge avancer d'une division d'une seconde. Vous avez aidé à subsister les hôpitaux de Londres pendant une seconde.

L'appel est vraiment si habile, si séduisant, qu'on peut le dire presque irrésistible. Il est impossible de mieux tirer l'argent au public pour une entreprise charitable. Au lieu d'invoquer d'une manière générale la nécessité des hôpitaux, le besoin qu'ils ont de subsides, au lieu de demander le plus qu'on peut donner, etc., on pose le problème d'une manière précise et concrète : « Donnez un sou. » Tout le monde peut donner un sou, il n'y aura pas de résistance pour une si faible somme. Tandis que si on avait demandé plus, on n'aurait peut-être rien eu. Et pour ce sou on a la satisfaction d'avoir obtenu en quelque sorte un résultat palpable : on a, pendant une seconde, entretenu les hôpitaux de Londres. Cela parle à l'imagination et flatte l'amour-propre en même temps. Il y a beaucoup à apprendre de cette petite tirelire, et ne dites pas que charité et publicité ont deux domaines différents, toutes deux se proposent de faire accomplir le même acte : mettre la main à la poche.

Du reste, on trouverait en publicité des applications de la même méthode. Les maisons de bonbons, liqueurs, vins, etc., pratiquent un genre de réclame excellent comme rendement et qui est analogue. Elles offrent, contre l'envoi d'un mandat de 5, 10, 20 francs, l'envoi d'un panier contenant un assortiment de deux ou trois sortes de leurs produits. C'est un envoi intermédiaire entre l'échantillon, la prime et l'achat par correspondance ordinaire. La somme est faible et fixée, l'acte de commande est simple. Si l'envoi est bien composé, on essaye. Une des plus grandes maisons de confiserie de Paris a fondé sa fortune par cette publicité, la première qu'elle ait faite. Elle est directe, spécialisée, très précisée et concrète.

COMMENT ON LANCE
UNE ÉCOLE DE COMMERCE

La Publicité de M. Pigier

Depuis trente ans M. Pigier fait, — avec un succès persistant, — de la publicité pour son entreprise de comptabilité et pour son école pratique de commerce. De plus, il a fondé dans cette école un cours de publicité. C'est donc un avis doublement intéressant que le sien. Le voici :

« De formules générales en ce qui concerne un lancement par la publicité, je ne crois guère qu'il en existe. Une campagne de réclame doit varier avec la nature du produit ou de l'établissement dont on s'occupe. Mais j'estime qu'il est cependant un principe directeur dont on doit s'inspirer avant tout : c'est qu'un tel lancement demande toujours de gros sacrifices d'argent et des sacrifices renouvelés. Si l'on n'a pas les ressources nécessaires pour soutenir longtemps la campagne, mieux vaut ne pas la commencer. Ce serait de l'argent perdu.

« Il serait vain, en effet, de se faire des illusions. La bonne publicité coûte cher, et bien souvent, quelle que soit l'ingéniosité déployée, c'est la plus chère qui est la meilleure.

« Néanmoins, une longue expérience de la publicité m'a permis de faire un certain nombre de remarques qui, je le crois, pourront être utiles à d'autres.

UTILITÉ DE L'AFFICHE

« Selon moi, la publicité par excellence, c'est celle que l'on remarque sans la chercher. Pour l'affiche, par exemple, mon opinion personnelle est qu'il s'agit moins de la faire gigantesque que de la placer à un endroit où elle sera vue forcément. C'est pourquoi je donne nettement la préférence à celle qui se trouve dans la rue à hauteur d'œil. J'apprécie pour cette raison, d'une façon toute particulière, les cadres *Gabert*, qui remplissent parfaitement cette condition. Les meilleurs, ce sont ceux qui sont placés sur des coins faisant saillie sur la voie publique, formant obstacle à la marche. On les lit presque malgré soi.

« Évidemment, l'argent, s'il joue un grand rôle, n'est pas tout en publicité. Des qualités de tact et d'ingéniosité y sont nécessaires.

LA LETTRE

« Ainsi la publicité postale, si on se contente d'envoyer de banales circulaires, n'aura même pas l'effet de rappel qu'on est en droit d'en attendre. On peut, au contraire, la rendre effective. Il y a d'abord la lettre envoyée, affranchie à dix centimes. Elle peut être excellente, mais à condition qu'elle soit véritablement une *lettre personnelle*. Le moindre détail négligé en détruit l'effet. C'est ainsi qu'il faut que le nom du destinataire soit écrit en tête de la missive exactement de la même façon et avec la même encre que son contenu ; en un mot, qu'il fasse corps avec lui.

« On peut employer, à son gré, la machine à écrire ou la calligraphie ; mais on doit bannir impitoyablement tout système de polycopie. Enfin, il ne faudra jamais employer de griffes pour la signature ; le chef de la maison devra s'astreindre à fournir un autographe sur chaque copie.

« Mais, même avec une véritable circulaire, on peut arriver à un résultat, si l'on sait faire preuve d'ingéniosité, et, si j'ose dire, de ruse, tout en restant bref.

« Ainsi, personne ne jettera au panier sans l'ouvrir une circulaire qui se présente sous les aspects d'un faire-part de mariage ou de fiançailles. Une simple mention de changement d'adresse suffit encore à retenir une minute l'attention du destinataire.

« La distribution de petits objets est aussi excellente pour rappeler le nom d'une maison connue. J'ai répandu moi-même, en province, des cendriers qui ont porté mon nom partout. Certes, il s'en trouve dans le nombre qui se perdent ou vont s'enfouir au fond d'une obscure salle à manger, où peu de personnes les voient. Mais d'autres, par un destin contraire, voient défiler des centaines de personnes par an.

« Il y a quelques années, dans un château historique du centre de la France, j'ai trouvé un de mes cendriers en bonne place, sur la table même où est déposé le livre d'or sur lequel viennent signer tous les visiteurs,... et il y en a plusieurs milliers par an.

« La publicité dans les annonces et dans les albums ne rend pas toujours ce qu'elle coûte, et, — ceci soit dit sans paradoxe, — c'est souvent dans les réclames où elle coûte le moins cher qu'elle est finalement la moins lucrative. Les seuls livres, en effet, où elle peut présenter un intérêt sont ceux que tout le monde feuillette et tous les jours, tels que Bottin, indicateurs de chemins de fer, annuaires des téléphones. L'École Pigier s'est réservé la tranche de cette dernière publication. Cela est dispendieux, sans doute ; mais c'est une publicité vivante, qui rapporte incontestablement ce qu'elle coûte.

<u>L'ANNONCE</u>

« Mais, en somme, la publicité la plus efficace...
et la plus coûteuse, c'est évidemment l'annonce dans
les quotidiens. Quoique, encore une fois, il soit
difficile de donner des conseils qui s'appliquent
à tous les cas, on peut poser en principe que les
articles consacrés à la publicité doivent être très
courts, mais renouvelés à brève échéance.

« Pour les détails, il y a dans chaque branche
un apprentissage à faire qui ne laisse pas d'être
coûteux.

« La maison Pigier, fondé en 1850 par mon père,
fut reprise par moi en 1875. Jusque-là on n'avait
fait que peu de réclame, tout au plus quelques
petites annonces dans le *Petit Journal.* Je me mis
à user avec énergie de ce procédé alors en enfance,
et les résultats ont incontestablement dépassé mes
espérances. Mais il me faut dire, pour ceux qui
sont tentés d'entrer dans la voie de la réclame, on
doit le faire sans peur et avec persévérance. On ne
saurait trop répéter cet axiome de publicité.

« Nous avons publié des clichés dans les journaux,
d'abord en les variant, ce que je considère aujour-
d'hui comme une faute. Puis nous en arrivâmes à
notre cliché définitif : le grand-livre ouvert portant
sur le *Doit :* « Pigier, expert comptable près les tri-
bunaux, » et sur l'*Avoir :* « Organisation, mise à
jour, vérification, inventaires, liquidations. »

« Non seulement nous nous en tenons à cette

gravure, mais nous nous en sommes fait une sorte de marque de fabrique en la déposant. Et nous poursuivons impitoyablement toute réclame similaire où figure un grand-livre. Je dois dire, du reste, que nos concurrents cèdent la plupart du temps à la suite d'une simple réclamation.

« Mais, à côté du lancement d'un produit, il existe une publicité plus modeste et dont le rôle ira en s'accroissant tous les jours. Il y a la petite annonce, l'*advertissment* des Anglais, qui est appelé à rendre des services au commerce sous tant de formes différentes. Et même pour l'annoncier en grand, il y a tout intérêt à connaître les petits côtés matériels de la publicité en même temps que sa technique.

LES ÉCOLES AMÉRICAINES

« Les Américains ont été les premiers à comprendre qu'on pouvait enseigner la publicité et qu'il y avait grand intérêt à l'apprendre, puisque c'est une branche du commerce où les erreurs peuvent coûter des fortunes. Et ils ont même créé des cours par correspondance qui s'adressaient au public français.

« Ces cours avaient le grave défaut d'être conçus dans un esprit trop particulier. Ils ne constituaient certainement pas une préparation salutaire au néophyte français, car la publicité doit tenir compte des différences de races et de tempéraments.

« Il y avait longtemps du reste que j'avais étudié

cette différence profonde, qui sépare, au point de vue commercial comme à d'autres, l'esprit yankee de l'esprit français.

« Laissez-moi tout d'abord vous conter comment les *business colleges* américains, — qui sont des établissements similaires à l'École Pigier, — ont fait leur publicité. Cet exemple sera plus éloquent que bien des discours.

« Donc, au début de ces institutions, le directeur louait un char-à-bancs, dans lequel il installait une douzaine de musiciens, et il s'en allait, dans cet équipage, de ville en ville, tel chez nous un charlatan. Lorsque, à grand renfort de grosse caisse, il avait réuni sur la place publique de l'endroit quelques centaines de personnes, il prenait la parole et se faisait son propre réclamiste.

« Son argumentation consistait principalement en une charge à fond contre l'enseignement classique et universitaire. Le tableau des fruits secs que le lycée laisse à vingt ans, sans connaissances pratiques et sans moyens de subvenir à leurs besoins, était naturellement poussé au noir. Le brave directeur tonnait contre ce système, qui n'apprenait même pas au jeune homme à calligraphier une adresse ou à effectuer rapidement une longue addition. Il évoquait la silhouette du déclassé misérable, devenu cireur de bottes ou laveur de vaisselle,... et la parade se terminait par une distribution de prospectus et de programmes exaltant les excellents résultats des études pratiques.

« Le procédé a prodigieusement réussi aux États-

18

Unis. Je doute qu'il ait en France un égal succès...
En tout cas, je laisse à d'autres le risque à courir.

« Au point de vue de la méthode employée dans
ces écoles, il en est de même. Un de nos professeurs
est allé là-bas comme élève, il y a une dizaine
d'années, afin de l'étudier. Eh bien, je n'ai pu tirer
aucun parti de ses observations. Le jeune homme
qui entre dans un de ces établissements n'a qu'un
désir : en sortir le plus vite possible avec son
diplôme et les connaissances nécessaires pour faire
une chasse acharnée au dollar. En France, l'ado-
lescent est beaucoup moins pressé.

« Comprenant la nécessité d'initier les jeunes
gens à la pratique de la publicité, j'ai donc fait
table rase des procédés américains. Je me suis basé
sur l'expérience que nous avions acquise nous-mêmes,
grâce à trente ans de réclame personnelle. »

COMMENT ON LANCE UN SAVON

I. La Publicité du savon " Pears ".

———◆———

M. T. J. Barratt, qui dirige la publicité du savon Pears, déclare que, pendant les quarante dernières années, sa maison a dépensé 5o à 75 millions de francs en réclames. L'histoire de cette marque est intéressante :

En 1789, André Pears commença à fabriquer du savon dans sa petite boutique de Wells Street ; déjà il comprit la nécessité de la publicité, et sa première annonce parut il y a cent ans dans *Compendium mensuel de réclames de Bell*. Le *Times* et le *Morning Chronicle* de cette époque (disparu depuis) renferment les premiers essais de cette formidable réclame, qui s'étend aujourd'hui sur le monde entier. Il n'y avait pas encore de lois sur les marques de fabrique, et les produits de Pears furent vite contrefaits. A. Pears se décida à signer de sa main tous les pains de savons qui sortaient de sa fabrique : c'est une tradition que le propriétaire actuel aurait été embarrassé de conserver.

Une des idées dominantes de la maison Pears a été de donner une valeur artistique à toutes ses affiches et aux illustrations de ses annonces.

500 000 FRANCS POUR UNE AFFICHE

M. Barratt paya 500 000 francs au peintre célèbre sir John Millais, pour son tableau représentant son petit neveu, vêtu d'un costume de velours vert, soufflant des bulles de savon. Plusieurs millions de reproductions de cette peinture ont été répandus dans le monde entier. D'autres affiches de Pears sont universellement célèbres : d'abord la série du « gamin sale »; puis l'enfant qui cherche à ramasser un pain de savon dans son bain, avec la légende : « Il ne sera pas content tant qu'il ne l'aura pas; » enfin la fameuse série : « Bonjour, employez-vous le savon Pears ? » La caricature du *Punch*, qui représente un immonde vagabond écrivant au savon Pears : « J'ai employé le savon Pears il y a deux ans, et depuis je n'en ai pas employé d'autre, » est célèbre dans l'univers entier.

Deux fois le Parlement anglais s'occupa de sa publicité. En 1880, les pièces de deux sous françaises circulaient en Angleterre et étaient acceptées pour un penny; mais elles n'avaient pas de valeur légale. La maison Pears en acheta 250 000, les timbra du mot « Pears » et les mit dans la circulation en Angleterre. Le gouvernement s'émut : l'État racheta tous les « pennys » de Pears, les refondit, et un vote du Parlement interdit l'introduction de pièces françaises.

Enfin, dans un de ses discours, M. Gladstone prononça la phrase suivante : « Ils sont aussi nombreux que les feuilles d'automne à Vallombrosa, ou que les annonces du savon Pears. »

II. Une campagne régionale.

Citons encore une campagne de publicité anglaise. Il s'agissait de lancer un savon fabriqué à Bristol dans tout l'ouest de l'Angleterre.

Des annonces spéciales furent rédigées pour chaque comté : les dessins qui les encadraient montraient soit un paysage, soit un costume, soit une scène locale ; le titre était rédigé dans le dialecte du comté. Voici le texte d'une de ces affiches :

LE SAVON QU'AIME LE PAYS DE GALLES
Fabriqué par une fabrique galloise
qui sert le pays de Galles depuis deux cents ans.

LE SAVON PURITAIN
Convient bien à l'eau du pays,
il lave vite, il n'abîme jamais le linge.
Parce que, *il contient de l'huile d'olive,*
Il ne peut pas abîmer les mains,
Il ne peut pas détériorer les habits,
Il ne fait pas rétrécir la laine,
Il ne fait pas jaunir le linge, etc. etc.

Voilà les annonces pour un public déterminé ; d'autres s'adressent à tout le monde. Pourquoi, dit l'une d'elles, le savon Puritain ne fait-il pas rétrécir la laine ? Et, s'aidant d'un dessin qui représente un tissu de laine vu au microscope, l'annonce explique que, ne contenant pas de soude en excès, mais étant, au contraire, à base d'huile d'olive, le savon Puritain ne fait pas se recroqueviller les fibres laineuses ; puis elle donne des conseils brefs pour le lavage de la laine, flanelle, etc.

UNE DÉMONSTRATION

Pourquoi, dit une autre réclame, accompagnée d'une coupe de l'épiderme vu au microscope, le savon Puritain n'abîme-t-il pas les mains ? Suit l'explication.

On voit quel parti est tiré des particularités du produit à lancer. Nous n'indiquons qu'une faible partie d'une campagne menée suivant un plan très vaste et très habilement tracé.

COMMENT ON LANCE
DES APPAREILS D'ÉCLAIRAGE

Une annonce rapporte
150 000 francs d'affaires

———————

Je cite cette campagne de Publicité, surtout pour montrer ce que peut rapporter une réclame intelligemment faite.

Il s'agit d'une grosse maison qui se décide un jour à faire une publicité spécialisée pour des groupes électrogènes et des machines permettant, à la campagne, d'avoir la lumière électrique et l'eau sous pression pour une dépense modique.

Cela s'adresse aux propriétaires : il est inutile de leur faire de longues dissertations sur l'agrément d'avoir la lumière électrique au lieu des lampes à pétrole : ils en sont tous convaincus. Il est inutile aussi de se battre contre les systèmes rivaux. Le vrai moyen de se créer une clientèle, c'est de faire connaître la possibilité de réaliser un progrès. Un prix est utile à indiquer, pour fixer les idées et allécher. Quant au surplus, il est évident qu'on ne commandera pas les appareils sans examen ni discussion. Inutile donc d'entrer dans de longs détails dans l'annonce : elle ne doit provoquer qu'une demande de renseignements. Pour contrôler le rendement de l'annonce, on offrira donc, — avec la traditionnelle clef, — une brochure. Et le relancement, une bonne correspondance, fera le reste.

La maison Hamm, dont j'expose ici la Publicité, a été fondée il y a sept ans. Elle est restée pendant deux ans sans faire aucune publicité. Ce n'est qu'au moment où elle lança « l'Éclairage électrique et l'eau à la campagne par les groupes électrogènes à basse tension », qu'elle fut appelée à la force de la Publicité.

Elle eut l'habileté de la commencer dans l'*Illustration*, choisissant sagement le véhicule qui atteignait le mieux le public qu'elle visait : châtelains, gros propriétaires.

Elle eut une autre habileté, celle de faire de grandes annonces attirant l'attention : une page, une demi-page, jamais moins d'un quart de page. Ceux qui connaissent les tarifs savent les prix élevés de ces annonces : qu'ils se disent bien que ce sont les plus économiques, parce que ce sont celles qui rendent.

Qu'on en juge plutôt : un quart de page de l'*Illustration* a donné à la maison Hamm un rendement de 15o ooo fr. d'affaires.

On aborda ensuite les quotidiens, surtout au moment des concours agricoles, contrôlant toujours les rendements.

La maison applique le principe de consacrer toujours 5 pour 100 de son chiffre d'affaires à la Publicité.

Voilà, nous semble-t-il, un bon exemple de la Publicité chère, simple, très spécialisée, qui convient à un article s'adressant à une clientèle riche et restreinte. On pourrait dire qu'elle est surtout remarquable par les erreurs, les dépenses inutiles qui ont été évitées et qui sont malheureusement si fréquentes en cette matière.

COMMENT ON LANCE
UNE MANUFACTURE D'ARMES

La Publicité de la Manufacture
de Saint-Étienne

M. Perricaudet, de la Manufacture française d'Armes et Cycles de Saint-Etienne, *m'exposa ainsi la façon dont cette importante maison comprend la publicité.*

« Nous avons primitivement employé les trois modes classiques de Publicité ; mais aujourd'hui nous sommes arrivés à porter presque exclusivement notre effort sur la Publicité postale. C'est à elle que nous consacrons la plus grande partie des deux millions inscrit au chapitre de notre budget de réclame.

LE CATALOGUE

« Notre principal outil, c'est notre catalogue général, qui paraît tous les ans, soigneusement renouvelé et tenu à jour, vers le mois de juin. Sa préparation nous demande un effort considérable. C'est un volume de 1 400 pages, comprenant 20 000 gravures et un grand nombre de planches en couleurs. Il constitue une véritable encyclopédie des besoins humains, car on y trouve la nomenclature des articles les plus divers et les plus variés. Mais il contient plus particulièrement la description de toutes les nouveautés en armes, cycles, accessoires de chasse et de vélocipédie, articles de pêche, de voyage, de photographie et de sport.

« J'ajouterai qu'il est loin de consister en une sèche nomenclature. Il donne d'utiles et judicieux conseils sur de nombreux points. C'est ainsi qu'il indique avec précision aux chasseurs quelle est l'arme qui leur convient, selon leur taille, leurs habitudes, leur force physique et le gibier qu'ils poursuivent de préférence. De plus, le catalogue contient un guide-formulaire du chasseur, où sont condensées toutes les petites questions de jurisprudence pratique qui peuvent embarrasser un disciple de saint Hubert. Cet ouvrage, qui nous revient à 1 fr. pièce, est tiré à plus de 800 000 exemplaires. Nous en envoyons plus de 600 000 à domicile, aussitôt le tirage terminé...

« Il me semble intéressant d'expliquer d'où proviennent ces 600 000 adresses.

« Nous avons, à Saint-Étienne, un bureau spécial où tout un personnel est employé, l'année durant, à vérifier et à renouveler, d'après de nombreux annuaires, les listes d'expédition. Nous choisissons, dans chaque pays, lorsque tout autre moyen de sélection nous fait défaut, les gens ayant une situation stable, tels que greffiers, juges, notaires, fonctionnaires, etc.

« Mais nous arrivons à de bien meilleurs résultats par un procédé que nous avons innové il y a longtemps : celui qui consiste à faire de nos clients nos propres collaborateurs.

« A chaque nouveau client que nous faisons dans un pays où nous ne sommes pas encore très connus, nous envoyons un formulaire imprimé, sur lequel nous le prions d'inscrire les noms des personnes susceptibles de s'intéresser à nos produits. Nous lui déclarons que nous avons l'intention d'envoyer, à titre gracieux, notre catalogue à chacune d'elles.

« Comme notre catalogue est un volume d'une certaine valeur, que tout le monde est heureux de garder, neuf fois sur dix nous recevons une réponse contenant une dizaine de noms. Et il est rare que, parmi ces nouveaux correspondants, il ne se trouve pas de clients d'avenir.

« Notre service de renseignements tire encore d'autres informations de nos clients. Nous leur envoyons aussi de petits questionnaires sur le pays qu'ils habitent.

« La chasse s'y pratique-t-elle avec succès ? Y a-t-il des étangs ou des rivières poissonneuses à proximité ? Le pays est-il montagneux ?...

« Nous arrivons ainsi à ne pas gaspiller nos efforts de propagande. Les tarifs spéciaux, — extraits du catalogue général sur la chasse, la pêche

et la vélocipédie, — que nous envoyons en très
grand nombre chaque année au moment opportun :
mars pour la pêche et la vélocipédie, juillet ou
août pour la chasse, ne s'adressant pas à contre-
sens. A quoi bon, en effet, envoyer un tarif d'articles
de pêche dans un pays où il est matériellement
impossible de se livrer à ce sport?

« Ces procédés semblent évidemment découler
d'un bon sens enfantin; il faut cependant une
sérieuse organisation pour les mettre en œuvre.

« La chose importante dans la publicité postale,
c'est de suivre les clients. Une maison honnête, qui
livre consciencieusement ce qu'elle a promis, a
toutes les chances de faire plusieurs affaires avec la
même personne. Encore faut-il qu'elle la sollicite.
C'est pourquoi nous adressons notre catalogue
chaque année à nos clients fidèles, et tous les deux
ans aux autres.

« Souvent un client nous rachète après quelques
années; souvent aussi, grâce au catalogue qu'il a
entre les mains, il nous ouvre de nombreux débouchés.

« Nous ne publions notre catalogue qu'en français, mais nous le répandons dans les colonies et à
l'étranger. Un avis placé en tête du volume indique
que nous sommes à même de correspondre dans
toutes les langues européennes.

LE JOURNAL DE PUBLICITÉ

« Il n'est que juste de faire rentrer dans le cadre
de notre publicité notre organe mensuel, le *Chas-*

seur français, qui tire à plusieurs centaines de mille d'exemplaires. Dans ses quatre-vingts pages de texte, il traite chaque fois les sujets suivants :

Chasse. — Le Chien. — Le Cheval. — Causerie vétérinaire. — Tir. — Pêche. — Vélocipédie. — Automobile. — Athlétisme. — Photographie. — A la Campagne. — Jeux divers. — Agriculture. — Elevage. — Viticulture. — Apiculture. — Arboriculture. — Aviculture. — Basse-Cour. — A nos Lectrices. — Espéranto. — Colonisation. — Actualités. — Le Tour du monde. — Par-ci, par-là. — Jurisprudence. — Médecine. — Hygiène. — Pour rire. — Bibliographie. — Livres à lire. — Boîtes aux Lettres.

« Les deux francs par an que nous réclamons de ses abonnés suffisent évidemment à peine à couvrir nos frais. Mais il nous est excessivement précieux comme publicité, et en particulier pour nous débarrasser de nos articles défraîchis. Une rubrique spéciale y est en effet consacrée aux offres et demandes d'armes et de cycles d'occasion.

« J'ajouterai qu'un spécimen du *Chasseur français* est envoyé gratis et franco sur demande.

« Pour tirer une conclusion de cet exposé, je dirai donc que la publicité à domicile est un excellent procédé dont on est loin d'apprécier la valeur en France, mais qu'elle exige, pour être vraiment fructueuse, de la persévérance dans l'effort et une mise de fonds appréciable. En un mot, elle n'est pas une sorte de pierre philosophale ; elle demande pour réussir, comme beaucoup de choses en ce bas monde, du temps et de l'argent. »

COMMENT ON LANCE
UN STYLOGRAPHE

La Publicité de " l'Onoto " en Angleterre

Je voudrais rappeler ici comment l'Onoto fut lancé en Angleterre. La première campagne de publicité a mis très habilement en lumière les qualités de ce porte-plume réservoir.

Il se remplit lui-même automatiquement en cinq secondes ; il ne fuit pas. Ce sont des avantages qui peuvent faire impression sur le public, et ceux qui étaient chargés de lancer cette plume ont parfaitement su en tirer parti. Citons quelques exemples de leurs annonces, admirablement rédigées. Je traduis les annonces anglaises :

Vous ne pouvez pas employer un meilleur porte-plume que l'*Onoto*, se remplissant automatiquement, car il n'en existe pas de meilleur.

Il se remplit en cinq secondes, sans que vous ayez besoin

d'un appareil pour le remplir, sans difficulté, sans saleté. Étant parfaitement équilibré, il glisse aisément et sans effort sur le papier.

Il ne fatigue pas le poignet, comme les plumes mal équilibrées ; il ne donne pas de crampes. La plume est d'or, renforcée d'une pointe d'iridium, et est inusable.

Il tient suffisamment d'encre pour écrire plusieurs milliers de mots : l'écoulement de l'encre peut être réglé au gré de celui qui écrit.

Il ne répand pas. Il se trouve, etc.

Voyez avec quel soin est justifiée, par une série d'arguments précis, la première affirmation ; ce texte est encadré d'un dessin sobre représentant la plume ; en gros caractères, le nom de la marque ; un peu moins gros, mais se voyant du premier coup d'œil, et en titre : **Se remplit en 5 secondes ;** juste au-dessus, une montre tenue par une main, illustrant l'idée du temps très bref nécessité par le remplissage. C'est un modèle d'annonce.

Mais pour qu'un lancement réussisse, il faut *une campagne,* c'est-à-dire une série de réclames. En voici une autre pour la même plume :

Il ne répand pas.

Portez sur vous un porte-plume Onoto, c'est la plume à réservoir de sûreté qui se remplit en cinq secondes, se nettoie lui-même en se remplissant et contient assez d'encre pour écrire vingt mille mots, etc.

Une autre qualité du porte-plume Onoto est passée au premier plan dans cette seconde annonce ; une troisième réclame de la même série sera construite sur un troisième avantage : la régularité de l'écoulement de l'encre. Mais toujours le texte est nourri de faits précis, contrôlables, de notions positives.

APPEL AUX DIFFÉRENTS PUBLICS

Voilà des arguments généraux, auxquels tout le monde est accessible. Mais le plan de campagne ne serait pas complet si on ne s'adressait ensuite aux différentes classes de la société en particulier.

Des annonces ont été élaborées spécialement pour les hommes d'affaires. Un dessin représente un d'entre eux à son bureau. Le texte lui vante l'économie, la propreté, la facilité plus grande pour écrire longtemps sans se fatiguer. D'autres réclames ont paru dans les journaux et revues militaires : les dessins montrent un officier écrivant sous la tente, prenant debout les notes que dicte en plein champ un chef d'état-major. Et le texte développe les avantages en campagne d'un bon porte-plume réservoir.

Ce sont là des annonces qui font réfléchir, quoi qu'on en ait.

COMMENT ON LANCE
UN PNEUMATIQUE

I. Le Pneu Michelin
et " Bibendum "

M. André Michelin, qui a su avec son frère ame-
ner la maison Michelin au prodigieux degré de pros-
périté et de renom qu'elle connaît aujourd'hui, a
bien voulu nous exposer le rôle joué par la Publicité
dans ce rapide développement.

« Nous avons fait beaucoup de publicité, et nous
en avons tiré beaucoup de résultats, c'est évident.
Mais j'ai à cœur de dire dès l'abord que je ne
considère pas notre publicité, dans son ensemble,
comme un modèle parfait, surtout notre publicité
illustrée.

« Mon frère et moi, nous sommes d'anciens
élèves des Beaux-Arts, et nous nous sommes souvent
amusés à réaliser des idées d'affiches pittoresques,

comiques ou bizarres, sans trop nous préoccuper du rendement pratique.

LES DÉBUTS

« Notre première affaire de publicité un peu poussée ne fut du reste pas un succès. Il s'agissait d'un patin de frein élastique et silencieux pour roues en fer. Nous avons fait jusqu'à 40 000 fr. de publicité par an pour un chiffre d'affaires total de 15 000 fr.

« Heureusement que nous ne nous sommes pas découragés ! Lorsque est venue l'heure du pneu, nous n'avons pas hésité à employer tous les modes de publicité possibles, et même à en créer de toutes pièces. Il s'agissait, en effet, non seulement d'imposer au monde une marque, mais encore un produit tout à fait nouveau et considéré un peu par tout le monde avec une certaine défiance.

« A ce propos, j'estime que la Publicité constitue une arme à double tranchant : elle rend un produit fameux et, du même coup, fait connaître avec une excessive rapidité ses défauts comme ses qualités. Un produit inférieur pourra, sans réclame, trouver de nombreux acheteurs pendant un bon nombre d'années ; avec une publicité intensive, il sera invendable au bout de six mois.

« La première publicité que nous ayons employée avec continuité, c'est le prospectus, la circulaire envoyée à tous les gens susceptibles de s'intéresser à la locomotion nouvelle, — il s'agissait alors du cyclisme. Je me hâte d'ajouter que cette Publicité, bonne à l'époque, n'aurait plus aujourd'hui que peu de chances de succès.

POLÉMIQUE

« Du reste, la publicité de cette période héroïque était toute particulière. Elle était vigoureusement combattive, agressive même. Nous échangions avec la compagnie Dunlop, qui prétendait s'assurer le monopole du pneumatique, du papier timbré et des propos homériques dans nos circulaires et affiches.

« Lorsqu'une autre maison concurrente, qui se vantait de n'employer que de fortes toiles, eut été vaincue dans une course, nous nous empressâmes de parler d'elle, par allusion assez claire, en soulignant la veste en forte toile qu'elle venait de remporter.

« Ce sont là des procédés qu'il ne serait évidemment plus de bon ton d'appliquer, aujourd'hui que notre industrie s'est classée, embourgeoisée.

« La publicité n'en doit pas moins conserver ces deux qualités fondamentales, — qu'on ne saurait du reste réunir toujours : — amuser et instruire.

LA COURSE

« La course, qui a été un si merveilleux instrument de Publicité pour l'automobile, — et auquel les fabricants ont tort de renoncer aujourd'hui, — a fourni l'argument décisif en faveur du pneu aussi bien pour la bicyclette que pour l'automobile. Je citerai pour mémoire la fameuse course cycliste Paris-Clermont-Ferrand, où nous avions exprès parsemé la route de clous, afin de rendre les crevaisons inévitables et nombreuses. 61 coureurs finirent la course sur 75. Ce fut une excellente démonstrasion de la possibilité de l'utilisation pratique du pneu.

« Nous en avons fait une autre à l'Exposition du cycle et de l'automobile de 1896. C'était le manège Michelin. Deux sièges montés sur roues tournaient sur une petite piste parsemée d'obstacles de toute sorte. Les roues de l'un étaient garnies de bandages en fer; les roues de l'autre, de pneumatiques. Chacun pouvait ainsi contrôler en quelques minutes la supériorité incontestable du pneu.

« C'est à la même époque que nous entreprîmes d'amener les voitures à chevaux à employer le pneumatique.

LA CONQUÊTE DES FIACRES

« Pour arriver à ce résultat, nous ne vîmes rien de mieux à faire que de commencer par en doter les fiacres parisiens.

« M. Bixio, le directeur de la Compagnie générale des voitures, avait été conquis à notre idée après une bonne séance de manège Michelin !... Mais, au dernier moment, son conseil d'administration le força à renoncer à notre projet.

« Nous dûmes nous rabattre sur un loueur du quartier de Courcelles, M. Paul, qui dota d'abord six voitures de pneumatiques, puis peu à peu en munit tous ses fiacres.

« Nous fournissions les bandages dans des conditions telles, que nous perdions de plus en plus à mesure qu'il augmentait le nombre de ses voitures à pneus.

« Mais peu nous importait. Nous faisions un lancement, une affaire de Publicité. Elle nous coûta 800 000 francs la première année ! Mais, trois ans plus tard, toutes les compagnies de petites voitures parisiennes, même la Compagnie générale, reconnaissaient la supériorité, mieux, la nécessité du pneu, réclamé avec énergie par tous leurs cochers !

« Quant à l'ingénieux loueur qui avait accepté de faire les premiers essais, il m'a avoué depuis qu'il y avait gagné 650 000 francs.

« En plus de ces procédés particuliers, nous avons employé largement toutes les méthodes classiques. J'avoue que je préfère entre toutes la publicité de fait. Quelques lignes glissées dans un article rendant compte d'une course gagnée par notre pneumatique me semblent plus efficaces que de grandes annonces énonçant des aphorismes plus ou moins contestables.

« Une de nos innovations en publicité raisonnée a eu aussi un fort grand succès. La Chronique Michelin du lundi, qui paraît dans le *Journal,* dans d'autres journaux et revues techniques, donne, sous une forme aussi humoristique que possible, de précieux conseils sur la façon de soigner les pneumatiques. Une preuve de leur vogue, c'est que de nombreux annonciers demandent que leurs clichés paraissent le plus près possible de notre Lundi, afin d'être sûrs que le lecteur accordera son attention à leur page.

« Pour vous donner une idée de notre esprit de recherches, j'ajouterai que nous avons fait jusqu'à des séries d'images d'Épinal, dont l'une, plus particulièrement réussie, a été tirée à 400 000 exemplaires.

LA NAISSANCE DE BIBENDUM

« Quant à l'histoire de nos affiches, elle se résume en celle du célèbre Bibendum, que je vais prendre dès avant sa naissance, comme il convient au biographe d'un homme illustre.

« En 1893, j'eus l'honneur de faire, à la Société des ingénieurs civils de France, une conférence sur le pneumatique, ses avantages et son avenir.

« J'avais soigneusement préparé mon sujet d'avance ; mais, je l'avoue modestement, c'est devant l'auditoire même que me vint à la bouche cette phrase lapidaire :

« Le pneu boit l'obstacle. »

« Je sentis à un mouvement du public que la phrase avait « porté » : je la retins et décidai de m'en servir dans la publicité. Dès lors, nos

affiches portèrent cette phrase, appliquée naturellement à notre produit :

« Le pneu Michelin boit l'obstacle. »

« A quelque temps de là, le dessinateur O'Galop,
encore inconnu, vint me faire des offres de service.
Parmi les dessins qu'il me soumit simplement à
titre de référence, pour me prouver son savoir-
faire professionnel, se trouvait un gros bonhomme
ventru, pansu, qui portait un toast, une énorme
chope à la main. Une légende déclarait : *Nunc
est bibendum.*

Le croquis avait été fait pour une grosse maison
de bière allemande, qui n'avait pas donné suite à
la demande d'études.

« Tiens, dis-je, il y aurait quelque chose à tirer
de ce bonhomme. Il faudrait le faire tout entier en
bandages pneumatiques et, au lieu d'un bock, lui
mettre en main une coupe remplie de clous et
autres choses désagréables aux pneus. Voilà qui
illustrerait parfaitement notre fameuse phrase : Le
pneu Michelin boit l'obstacle. »

« O'Galop comprit mon idée et l'exécuta. On sait
le succès qui accueillit cette affiche primitive et
comment, dans les milieux sportifs professionnels,
où la connaissance du latin n'est pas courante, *bibendum* devint l'homme-pneu. Ce brave *Bibendum* a été,
depuis, reproduit dans bien des postures et des circonstances diverses. On lui a prêté bien des paroles.
Bref, il a une personnalité bien nette, bien accusée.
Tel une création littéraire, il vit dans l'esprit des
masses... Et j'avoue que son succès, qui a beaucoup

contribué à celui de notre maison, me remplit d'une paternelle fierté ! »

II. La Publicité indirecte
du Pneu Michelin

La Publicité en France constitue aujourd'hui pour Bibendum un article de luxe. Il est connu partout et de tous. C'est pourquoi sa publicité est devenue ce qu'on appelle indirecte. Elle est constituée par les sacrifices que fait la maison Michelin pour des dépenses d'intérêt général, pour l'étude de questions actuelles, pour fournir libéralement à tous des renseignements touristiques ou techniques[1].

Comme publicité de ce genre, on peut citer en première ligne les sommes consacrées par la maison Michelin à l'aviation : plus de 800 000 fr. Rappelons le prix de 100 000 fr. pour le raid Paris-Puy-de-Dôme, et le concours de jet de projectiles du haut d'un aéroplane. Ce dernier concours, de l'aveu du colonel Hirschauer, a fait gagner deux ou trois ans à la question du tir aérien.

Voilà un exemple d'une campagne d'intérêt national. En voici un autre qui profitera plus particulièrement aux automobilistes : c'est le problème du numérotage des routes.

---

[1] J'utilise, pour ces études, des données qui m'ont été fournies par les services de Publicité des différentes marques de pneumatiques.

LE NUMÉROTAGE DES ROUTES

Michelin a fait là mieux que de prôner cette réforme en faisant passer des articles sur la question dans les journaux au tarif de publicité ; il a fait établir une carte où tous les numéros des routes nationales, départementales, chemins de grande communication et d'intérêt commun, sont indiqués. Tous ses efforts tendent maintenant à obtenir que l'État fasse établir les mêmes renseignements à chaque bifurcation, en caractères assez gros pour être lus d'une automobile en marche. Ainsi on se dirigera à travers la France, à l'aide d'une carte, aussi facilement qu'à travers les rues de Paris avec un plan. Chaque route aura son nom propre, comme la rue a le sien.

Pour les touristes, Michelin a créé, en plus de la carte d'un pliage très pratique dont nous venons de parler, les Guides, les bureaux de tourisme et les plaques indicatrices.

LE GUIDE MICHELIN

Actuellement, le *Guide Michelin* indique clairement l'état des routes, les curiosités, les hôtels suivant leur confort et leur prix, les adresses des mécaniciens et des stockistes. (Il préfère cette façon de renseigner ses clients sur ce dernier point aux immenses panneaux dont d'autres pneumatiques usent aux entrées des villes.) Michelin n'emploie que quelques petites affiches distribuées à ses représentants et qu'ils placent à leur gré.

Il y a une édition annuelle du Guide pour : 1° la France ; 2° les Iles Britanniques ; 3° les Alpes et le Rhin ; 4° les Pays du soleil (Algérie, Égypte, etc.) ; 5° l'Espagne et le Portugal ; 6° l'Allemagne. Cela représente un travail et une dépense considérables.

LES BUREAUX DE TOURISME

Plus considérables encore sont les frais et les efforts nécessités par la création des bureaux de tourisme Michelin. Il en existe deux actuellement : l'un à Paris, l'autre à Londres.

Sur la demande de n'importe quel particulier, fût-il le client d'un pneu concurrent, le bureau envoie gratuitement un itinéraire détaillé, donnant tous renseignements sur la route à suivre dans un voyage dont on lui a envoyé les grande lignes. Ces renseignements, y compris la description minutieuse de la route (bifurcations, montées, descentes, passages à niveau, etc.), sont inscrits, sur des feuilles spéciales en papier mince, à la machine à écrire. On n'a plus besoin de feuilleter un guide en sautant d'une page à une autre et de consulter des cartes en route. Le plus paresseux n'éprouve plus aucune peine à voyager. C'est là le but où tend Bibendum.

Mais cette prodigieuse organisation a d'autres résultats féconds : elle est supérieure à tous les bureaux de tourisme publics ou privés. Elle répond plus complètement et plus vite. Souvent des gens écrivent à la maison Michelin pour lui témoigner leur satisfaction et leur reconnaissance. C'est, en somme, une dette morale qu'ils contractent envers elle, et beaucoup l'acquittent en adoptant ses pneus, parce qu'ils ont appris à aimer la maison et à l'apprécier.

Dernièrement, un riche sportsman anglais écrivait ainsi au bureau de tourisme de Londres qu'ayant adressé deux demandes d'itinéraire, le même jour, à ce bureau et à l'Automobile Club anglais, il avait été répondu à la première dans les deux jours et trois semaines après seulement à la seconde, — trop tard et très mal. « C'est ce qui me décide, ajoutait-il, à me fournir désormais chez vous. »

L'influence des bureaux de tourisme est très grande, et Michelin s'efforce de les développer et de les améliorer tous les jours. La maison n'hésite pas à envoyer, sur de grosses voitures, des spécialistes avec les représentants, qui font au besoin de très grands détours pour étudier une route ou un pays nouveaux.

Qui n'a vu les plaques indicatrices Michelin placées à l'entrée et à la sortie des localités? Le chauffeur lit en y entrant le nom de la commune, le numéro de la route et l'avis de ralentissements. En sortant, il est salué par le mot « Merci », placé au recto des plaques.

Ces plaques ont eu un grand succès aux dernières grandes manœuvres. Elles étaient saluées avec joie par les soldats. Les officiers, d'autre part, ont reconnu qu'elles leur ont rendu de réels services aux cours des marches de nuit, que les progrès de l'aviation rendront de plus en plus coutumières. En arrivant dans un village endormi, ils étaient renseignés immédiatement sur l'endroit atteint.

Michelin consacre aussi un budget très important à la publicité didactique. Il lui a donné une allure spéciale, en lui gardant toujours un caractère humoristique. Les « Lundis » de Michelin sont bien connus de tous les automobilistes et cyclistes. Ils instruisent tout en amusant.

LE THÉÂTRE DU PNEU

A signaler, dans le même ordre d'idées, le *Théâtre illustré du pneu*. C'est une série de petits drames illustrés parus au dos du supplément théâtral de l'*Illustration*. Chacun d'eux expose à quel désastre aboutit l'oubli d'une précaution ou le manque de soin, dans un cas particulier, pour le pneu ou la chambre à air. L'énumération de quelques titres fera comprendre dans quel esprit sont traités ces textes toujours très courts : *On ne badine pas avec le pneu*, la *Griffe*, la *Précaution inutile*, *Tant va la chambre au feu*, etc.

Dans une très belle brochure, ces pages ont été réunies sous le titre de *Théâtre illustré du pneu*, par Bibendum. Le nom de Michelin ne paraît même pas sur la couverture illustrée, où Bibendum, en Pierrot, s'apprête à ouvrir le rideau de la scène.

Ce fascicule est donné gratuitement. Il a été envoyé à des particuliers, aux hôtels, aux associations sportives, etc. Suprême gloire pour une brochure gratuite : on l'a retrouvée sur les quais, dans la caisse des bouquins à un sou.

Enfin, la maison Michelin envoie, sous forme de circulaires, de très jolies plaquettes lorsque l'occasion s'en présente : Nouveauté, succès, etc. Par exemple, elle en a fait une pour résumer « Ce que Michelin a fait pour le tourisme ».

Enfin la maison Michelin use, indirectement à vrai dire, du cinématographe. La maison Pathé a pris, en Tripolitaine, des films où l'on voit, en plein désert, des convois de camions automobiles sur pneus jumelés Michelin évoluer gaillardement à côté des caravanes de chameaux. Le pneu jumelé Michelin est une création de Michelin, qui a fait de la réclame pour lui sans préoccupation de marque. Il rend d'énormes services pour les poids lourds en remplaçant le bandage plein.

III. Le Pneumatique Continental

La publicité d'un pneumatique diffère totalement de celle d'une marque d'automobile. Une des différences fondamentales, c'est qu'elle échappe à tout contrôle de rendement en général. Impossible de savoir pourquoi un touriste va chez le stockiste de telle ville acheter tel bandage.

JOURNAUX

Les rares fois où l'on peut contrôler, les gens expérimentés eux-mêmes restent surpris des résultats. Par exemple, les annonces pour le Guide Continental contenaient un coupon détachable, d'un contrôle possible. A la surprise du chef de publicité, ce fut l'annonce parue dans l'*Illustration* qui rendit le mieux. Et cependant il aurait imaginé que la clientèle aisée de ce périodique ne se serait pas donné la peine de détacher un coupon et de l'envoyer.

Un pneumatique aussi répandu que le Continental estime qu'il a plus d'avantages à consacrer ses grosses dépenses aux journaux à fort tirage qu'aux sportifs. Ceux-ci ne sont lus que par des gens qui connaissent déjà la marque. Les autres tombent entre les mains de clients éventuels, de gens susceptibles de devenir d'un jour à l'autre des propriétaires d'autos, qu'il est précieux de gagner par avance.

Il faut tenir compte, pour les annonces, du journal auquel elles sont destinées et aussi du cadre et des dimensions, enfin spécifier exactement leur emplacement.

Le Continental emploie toujours le cliché avec lettres dessinées. C'est une économie de bouts de chandelle que de faire composer chaque annonce.

Le caractère typographique fait toujours moins d'effet.

Cela n'a d'excuse qu'en cas d'urgence, lorsqu'il s'agit d'insister immédiatement sur un triomphe remporté, etc.

Visiblement influencé par Bibendum de Michelin, le pneu Continental cherche, lui aussi, à créer un « type ». Cette année, ses trois affiches principales : une pour le pneu voiture, une pour le pneu vélo, une pour l'automobile, mettent en scène un clown anglais.

Le Continental a deux catégories d'affiches : celles de campagne, pour ainsi dire, destinées aux grandes routes et qui, à l'entrée des villes, indiquent le nom de son stockiste. Il leur faut une grande simplicité et une grande netteté. Elles sont purement typographiques. Du reste, un projet de loi les menace de mort. Il faudra alors chercher quelque chose pour les remplacer.

Les autres affiches sont illustrées. La maison Continental cherche à y mettre un peu de fantaisie, à les rendre humoristiques. Mais il n'y a aucun bluff dans le texte, toujours très réduit. On les place surtout dans les grandes villes. Quelques-unes contiennent des allusions, des ripostes aux annonces Michelin, — qui ne sont pas comprises du grand public.

Ainsi une plaquette contient le dessin suivant :

un boxeur a aux poings deux tampons rouges (le Rouge ferré, pneumatique). Devant lui, on aperçoit les bottines d'un homme étendu de son long. La « semelle » Michelin est donc vaincue[1].

CIRCULAIRES

C'est la publicité la plus caractéristique du Continental. Le catalogue de luxe, si utile aux fabricants d'automobiles, ne servirait ici à rien. Personne ne se laisse tenter par la jolie reproduction d'un pneu... Donc pas de catalogue « artistique ».

La circulaire, au contraire, est très employée par le pneu Continental, toujours sous enveloppe à 10 centimes. Pour les particuliers, elle prend la forme d'un supplément illustré de journal ou de périodique. Imprimée sur beau papier, elle ne contient aucune invitation à l'achat, elle n'est nullement commerciale. Elle est toujours de circonstance : elle est envoyée à propos d'une course où a triomphé le *Continental,* et elle en donne de belles reproductions photographiques.

« Vis-à-vis des agents et des commerçants de détail, la circulaire reste nettement commerciale : elle annonce un nouveau produit, une commission plus avantageuse, une baisse de prix, etc.

Des listes d'adresses sont soigneusement tenues à jour. On envoie aux mêmes personnes toute une

---

[1] Ces polémiques ne sont pas un exemple à imiter : rien n'est pire en Publicité.

suite de circulaires, mais au fur et à mesure des occasions et sans rien de l'insistance du *follow-up-system*.

LES COURSES

Les courses constituent en même temps une publicité proprement dite et une sorte de « banc d'épreuve » pour les pneumatiques.

Quand la maison Michelin a déclaré, récemment, qu'elle ne prendrait plus part aux courses (pour faire profiter ses clients de l'économie ainsi réalisée), Continental a songé à riposter par la suppression de la publicité ; mais on s'est rendu compte que la suppression de la publicité n'entraînerait qu'une économie de o fr. 5o par pneu vendu.

ASSOCIATION

Les maisons d'automobiles ont fait des excès en publicité. Une réaction se fait sentir. Verra-t-on la publicité « collective » ? Récemment, la maison d'autos Delage proposait aux fabricants de pneus de mettre dans son catalogue qu'elle n'employait que la marque X..., moyennant contribution aux frais d'établissement dudit catalogue.

IV. Le Pneu Palmer

La publicité d'un pneumatique qui coûte de 3o à 4o pour 100 plus cher que les autres est toute spéciale. Ce n'est point évidemment en répétant le nom sur des affiches ou en présentant des photographies artistiques qu'on décidera les acheteurs à faire un tel supplément de dépense initiale.

Il n'y a pas d'autres moyens que de les convaincre de la supériorité réelle du produit et de l'avantage pécuniaire final qu'on aura à l'employer. C'est pourquoi la publicité que l'on fera sera presque exclusivement de la publicité *raisonnée et didactique.*

Il est inutile d'en faire dans les journaux à grands tirages, où elle coûterait d'ailleurs fort cher, sans plus d'efficacité que dans un journal technique plus restreint. Il est peu utile, estime la maison Palmer, de persuader les lecteurs d'un grand quotidien de l'économie qui résulte de l'emploi du pneu Palmer.

Donc il s'agit de démonstration. C'est pourquoi la série d'articles permettant les développements est préféré à l'article isolé où il faut trop souvent, faute de place, procéder par affirmations sans preuves.

Il faut aussi être didactique. La supériorité du pneu sera d'autant plus grande qu'il aura été mieux soigné. D'où nécessité d'indiquer aux clients quelle pression ils doivent donner pour telle charge, quelles précautions ils doivent prendre, etc.

Les barêmes et tables, qui sont indispensables, figurent au mieux dans une brochure que le client peut conserver facilement. C'est pourquoi les brochures sont établies avec un soin et un goût extrêmes. Tous les ans il en paraît au moins une, qui est mise à jour à chaque nouvelle édition. Elle comprend des schémas comparatifs de l'énergie absorbée par les pneus à toiles et les pneus à cordes, et rappelle les records du monde battus sur Palmer.

Intitulée : *Ce qu'on perd entre la roue et la route,* elle est imprimée en deux couleurs. D'autres brochures expliquent en détail, avec illustration à l'appui, les procédés de fabrication des deux sortes de pneus et les raisons de la supériorité du pneu à cordes.

La course constitue une publicité très efficace pour un pneu qui résiste mieux qu'un autre à de dures épreuves. Lors du dernier circuit de Dieppe, une voiture anglaise réussit à faire le parcours entier sans changer ses pneus Palmer.

De tels faits prêtent à la publicité occasionnelle. Elle est assurée surtout par l'envoi de lettres circulaires aux clients passés et... éventuels, c'est-à-dire aux gens possédant des autos, listes qu'on établit facilement avec les annuaires spéciaux. Le *follow-up-system* est méticuleusement pratiqué et donne d'excellents résultats.

La publicité de référence est peu employée par la maison Palmer. Cependant elle se réclame, sur son papier à lettres, d'un patronage illustre. Chaque feuille porte : « Fournisseur du roi d'Angleterre, » avec les armes d'Angleterre gravées au-dessous.

On peut fabriquer, avec le pneu à cordes, des bandages plus gros qu'avec le pneu ordinaire. C'est de ces bandages dont se sert le souverain. Ils offrent un supplément de confortable. C'est là un argument bon à faire valoir surtout auprès des femmes.

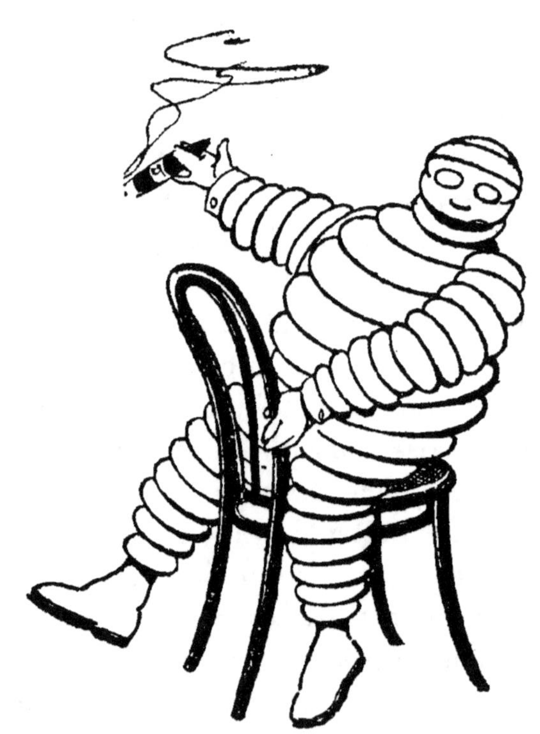

HYMEN ET PUBLICITÉ

Comment on peut utiliser le mariage
et d'autres événements
pour la Publicité

Mariez-vous à Paris, — ce n'est point un conseil, mais une supposition, — mariez-vous à Paris, et vous recevrez, dès que les publications auront été faites, une grande enveloppe jaune portant comme suscription : « Papiers de mariage, » et revêtue d'un timbre à l'aspect officiel, « Service des publications. »

Voici le contenu d'une de ces enveloppes que j'ai sous les yeux :

1° Un catalogue d'un tailleur dont la spécialité est la location des habits de cérémonie ;

2° Un prospectus d'une autre maison d'habillement, sur la couverture duquel paradent une mariée tout habillée de blanc et un marié en habit noir ;

3° Le catalogue d'une maison d'ameublement ;

4° Le prix-courant d'un loueur de voitures de

grande remise avec toute la gamme des véhicules, depuis le « coupé blanc, bleu ou vert de haut luxe », aux roues caoutchoutées et valet de pied sur le siège, jusqu'au démocratique char-à-bancs ;

5° Une réclame pour un restaurant avec dîners à 5 francs, 6 francs, 7 francs, 8 francs, 10 francs, 12 francs par personne. Voici le menu à 12 francs :

Potages
Crème d'Écrevisses
Consommé Princesse

Hors-d'œuvre
Beurre, Crevettes bouquet
Radis, Anchois sur Canapé

Relevés
Croustade à la Dauphine
Truite saumonnée Albuféra

Entrées
Selle de Béhague Clamart
Langouste en Bellevue

Légumes
Asperges en Branches
Haricots verts
Maître d'Hôtel

Rots
Dindonneau truffé
Perdreau Russe

Relevé de rôti
Médaillon de Foie gras
truffé en Bellevue
Salade

Entremets
Japonaise glacée
Gâteau Victoria
Friandises de Nougat
Pêches au Marasquin
Fruits
Flirts, Biscuits
Petits Fours glacés

Vins
Porto
Vin du Rhin
Saint-Emilion
Graves
(Premier service
à discrétion)

Corton
Saint-Estèphe
Champagne Doyen frappé
Café et Liqueurs fines

La maison offre gratuitement aux mariés et à leurs invités l'entrée du Jardin d'acclimatation. Des pianos sont à la disposition des dames. La maison possède un excellent photographe, qui exécute gratuitement le portrait des mariés et le groupe de la société ;

6° Le catalogue d'une des plus grandes maisons d'alimentation de Paris ;

7° Le tarif d'une maison de charbons ;

8° Un prospectus d'une Compagnie de chemins de fer avec les prix d'excursions et voyage, divers, et même, — ô prévoyance suprême ! — une carte postale illustrée, — sans doute pour donner des nouvelles à la famille pendant le voyage ;

9° Une petite carte-réclame pour un parfum, ultra-parfumée elle-même et portant l'inscription : « Mon parfum est en quelque sorte indéfinissable, et il est évocateur aussi bien de la brise parfumée des bois que de l'haleine tiède du printemps fleuri. »

Que vous faut-il de plus pour être heureux ? Rien n'a été oublié, pas même le parfum « évocateur » et troublant...

UN BEAU LIVRE

Mais ce n'est pas tout. Vous recevrez aussi un beau volume doré sur tranches, relié avec un certain luxe et intitulé : *le Livre d'or des fiançailles et du mariage*. C'est une histoire, fort intéressante, ma foi, du mariage à travers les âges, et de toutes les coutumes relatives aux fiançailles, noces, etc. Le livre est illustré d'un grand nombre de gravures d'après les collections de la Bibliothèque nationale. C'est un album que tout le monde feuillette avec intérêt, en raison de la variété et de la valeur documentaire réelle de ses nombreuses et amusantes illustrations.

Naturellement, il y a aussi d'autres dessins... A propos du mariage, il est question de robes, de bijoux, d'ameublements, de lingerie, de toilette ; et on signale aimablement aux jeunes mariés les maisons de Paris où ils trouveront les articles les plus élégants, les plus jolis dans chacun de ces genres.

La première publicité visait surtout la classe peu fortunée, la petite bourgeoisie, où l'achat d'un habit noir est une grosse dépense : l'album s'adresse surtout à ceux pour qui le mariage est une occasion de prodiguer les cadeaux.

Voilà une publicité fort intelligente ; il nous paraît qu'elle pourrait encore être perfectionnée. En ce moment, les maisons qui font de la publicité dépensent des sommes énormes pour des brochures, des albums, etc. Quelquefois ces brochures reviennent à 2, 3, 4 francs pièce, et pour des tirages de 20 000. Ce luxe n'est pas inutile ; mais souvent, dans le désir de faire élégant et artistique, on oublie le but de publicité. On prend n'importe quel texte, ou on cherche bien loin des motifs d'illustrations. On pourrait faire tout aussi luxueux, tout aussi intéressant, en prenant comme sujet de la brochure une question ayant un rapport direct avec le genre de commerce ou d'industrie dont il s'agit. On doublerait ainsi le rendement de la brochure.

QUELQUES EXEMPLES DE CE QUE L'ON PEUT FAIRE

Quelques exemples précis feront mieux comprendre ma pensée. Il y a quelque temps, une maison de produits alimentaires a publié un petit volume renfermant des recettes de cuisine, — où naturellement ses produits étaient recommandés. C'est une application excellente d'un bon principe. Si cette « Cuisinière » est bien rédigée, — les recettes doivent être vraiment bonnes, — si elle est luxueusement éditée, si la publicité ne la dénature pas, *on la gardera* dans toutes les maisons, et elle *agira* comme *rappel* de publicité là où il faut agir, c'est-à-dire à la cuisine.

Si la maison de produits alimentaires avait édité une histoire de la création de la terre ou une description de l'Italie, je crois que le rendement eût été plus faible. Et ne haussez pas les épaules : j'ai vu bien pire, bien plus absurde.

Un journal de sports, — *Paris-Sports,* — édite chaque année un très joli petit *Calendrier des Sports.* Vous y trouvez :

Le calendrier, c'est-à-dire la date des courses de chevaux pour toute l'année, à chaque hippodrome, avec l'indication des prix importants;

La liste des Sociétés de courses et hippodromes de la région de Paris, avec l'adresse, la composition du bureau, la distance des hippodromes de Paris, les voies de communication pour s'y rendre, les prix d'entrée, etc. ;

Le calendrier des concours hippiques dans toute la France ;

Le règlement du pari mutuel ;

La liste des entraînenrs, des propriétaires pour qui ils entraînent et de leurs jockeys ;

Un calendrier automobiliste (courses, expositions, etc.) ;

Un calendrier de l'aviation ;

Un calendrier du cyclisme ;

Du yachting ;

Du yachting automobile ;

Des régates à l'aviron.

Croyez-vous qu'une maison de sports n'aurait pas intérêt à éditer de semblables brochures ? Un bon manuel du lawn-tennis, du football, du golf, avec les règlements, le calendrier, etc., joliment présenté, est une réclame *permanente* de premier ordre pour une maison d'articles de sports.

UNE MINE PRODIGIEUSEMENT RICHE A EXPLOITER

Et pour en revenir au mariage, quelle mine à exploiter ! Il y a quelques années, une maison de blanc avait édité une petite brochure renfermant des types de trousseaux et layettes à différents prix, avec leur composition, etc. J'ai vu garder soigneusement cette brochure par des clients qui dépensaient des sommes considérables chaque année.

Le mariage s'accompagne d'une série de formalités mondaines où on craint facilement de commettre quelque oubli. Les éditeurs publient des quantités de « Manuels du savoir-vivre », ce qui prouve bien que ces livres répondent à un besoin.

De petites brochures indiquant les formalités légales et les formalités mondaines, donnant des idées pour les cadeaux, etc., seraient une réclame excellente pour quantité de maisons dont le commerce de luxe est la spécialité : on les garderait dans toute maison.

J'ai pris le mariage comme occasion d'une publicité spécialisée, documentaire, intelligente ; mais la naissance, le baptême, etc., ne fournissent pas de moins bonnes occasions à une publicité de ce genre.

L'EXEMPLE DE L'AMÉRIQUE

Une maison de Chicago se vante de pouvoir rendre les services suivants : « Non seulement, dit le propriétaire, nous possédons des listes complètes d'adresses classées par profession, fortune, lieu de résidence, commerce, etc., mais nous avons des listes de gens possédant un piano, un harmonium ou n'importe quel instrument de musique, depuis la grosse caisse jusqu'à la mandoline. Nous avons des listes de gens qui jouent aux cartes. Nous avons des listes tenues à jour de tous les accidents qui se produisent et de leurs victimes ; des naissances, des mariages et des morts. Une maison d'yeux artificiels nous paye cinq sous par cas d'accidents avec perte d'un œil que nous lui signalons. Nous recevons cinq sous d'un orthopédiste pour tout accident impliquant la perte d'une jambe ou d'un bras que nous lui indiquons. Un fabricant d'aliment pour bébé nous donne deux sous par naissance signalée. Deux sous est le prix d'une mort communiquée aux organes de pompes funèbres, marbriers, maisons de deuil, photographes faisant les agrandissements. »

Une maison de New-York se vante d'avoir 5 000 informateurs, de pouvoir livrer des listes de rhumatisants, épileptiques, alcooliques, aveugles, fumeurs, de femmes rousses, d'inventeurs, etc., de pouvoir envoyer 125 000 imprimés par jour, et de posséder 30 000 000 d'adresses en 29 000 listes.

COMMENT ON FAIT
DE LA PUBLICITÉ AU THÉATRE

Il nous faut du nouveau

La Publicité, en France, se développe chaque jour ; et déjà il y a, entre les différentes publicités, une aussi vive concurrence qu'entre les entreprises commerciales et industrielles.

C'est dire qu'on cherche du nouveau. Pour saisir et retenir l'attention du public, il faut inventer, trouver quelque chose qu'on ait pas encore vu. Les efforts pour moderniser l'affiche, les réclames paraissant dans les journaux, les brochures distribuées à domicile, sont manifestes. Ces efforts sont intéressants ; les résultats en sont souvent très heureux.

Mais, à côté de ce travail de rénovation de la Publicité classique, il faut signaler l'apparition fréquente de modes nouveaux de réclame. Quelques-uns sont ingénieux et bien venus, d'autres le sont moins.

21

En cherchant la nouveauté, il ne faut pas sacrifier les principes de la bonne publicité. Sans quoi, on tombe dans la bizarrerie, l'exagération, et le petit mouvement de curiosité qu'on provoque n'a aucun résultat lucratif.

On nous parle beaucoup de Publicité en ballon, en aéroplane; on rêve des projections lumineuses sur les nuages; nous avons vu apparaître sur les boulevards parisiens des bonisseurs costumés bizarrement dans un but de Publicité. Tout cela est bien cherché, bien discutable : la meilleure Publicité est encore la plus naturelle, et des tentatives de mauvais goût peuvent discréditer une maison.

En revanche, il est utile de signaler le développement de formes de Publicité qui, logiquement, doivent bien rendre, et qui étaient négligées en France sans que l'on sache pourquoi.

Voici bien longtemps que je signalais le fait extraordinaire que nos omnibus et tramways étaient à peu près dépourvus de toute réclame, alors qu'à l'étranger tous les véhicules de transports métropolitains en étaient surchargés, et que c'était une des Publicités les plus recherchées. Si l'on circule un peu dans nos autobus, on remarque aussitôt que la Publicité y est « bien partie »; vous verrez qu'elle arrivera à être une des premières de Paris.

Je voudrais attirer l'attention sur une Publicité qui se développe beaucoup et qui est fort intéressante : celle qui se fait au théâtre.

Il y a une quinzaine d'années, le programme de théâtre était un imprimé qui n'avait aucun autre intérêt que d'apprendre au public la distribution d'une pièce. C'était une simple feuille de papier, imprimée fort simplement. Mais cette feuille de papier était lue chaque soir dans chaque théâtre par des centaines de personnes appartenant à un public aisé. On la gardait en mains pendant plusieurs heures, on la maniait. Quelquefois on l'emportait et on la conservait, comme un souvenir d'une soirée.

Il y avait un merveilleux véhicule à utiliser pour la Publicité : l'*Illustration* s'en servit d'abord, et on n'a pas oublié les petits programmes qu'elle imprimait ; ils servaient à lui faire à elle-même de la réclame.

Mais, depuis quelques années, le programme de théâtre a subi une transformation complète.

C'est maintenant une brochure élégante, éditée avec plus grand luxe ; elle ne renferme pas seulement la distribution de la pièce, mais des détails anecdotiques sur le théâtre, l'auteur, les interprètes, avec des vues et de fort belles photographies. Elle contient de véritables chroniques, des contes quelquefois.

Autour de ces rubriques attrayantes, une publicité s'est groupée qui fait presque corps avec elles, les complète tout naturellement et n'a guère moins d'intérêt : photographies des actrices portant les robes et les chapeaux de telles ou telles maisons, etc. Réclames naturellement, mais en même temps souvenirs gracieux de la pièce et de ses interprètes.

Un tel programme ne se jette pas : on commence par le lire, par le parcourir tout au moins pendant les entr'actes; puis on l'emporte chez soi et on le garde.

De ce jour, le programme devient quelque chose comme un magazine ayant ses lecteurs, un public toujours renouvelé et fidèle : par cela même il est assuré d'avoir la Publicité. Aussi son exploitation est-elle devenue une entreprise bien réglée : des concessionnaires louent au directeur de théâtre le monopole, puis ils éditent le programme et en louent la Publicité. Le volume de la Publicité que renferme chaque programme et son prix font déjà de ces publications des affaires assez importantes.

En général, nous étudions les formes de Publicité du point de vue des maisons qui la payent : ici il s'agit d'une entreprise poussée et développée par des intermédiaires; mais les principes qu'ils ont appliqués pour la faire prospérer sont ceux que nous avions bien souvent formulés ici et qui doivent diriger toute campagne : *faire des imprimés assez luxueux pour qu'on soit tenté de les garder.* Déjà maintenant il y a des collectionneurs de programmes, comme de catalogues de vente à l'hôtel Drouot.

LE JOURNAL LUMINEUX

Une Publicité pousse l'autre et lui sert au lieu de lui nuire.

A partir du moment où on utilisait la réunion des spectateurs au théâtre dans un but de Publicité par les programmes, on devait voir surgir d'autres formes de publicité dans les salles de spectacle.

Une d'elles est vraiment ingénieuse : c'est le « journal lumineux », ce sont des projections faites pendant les entr'actes sur un rideau placé devant le rideau ordinaire.

On projette : 1° des nouvelles de la soirée (les débuts dans ce genre furent la projection des résultats des élections législatives à l'Olympia à mesure qu'ils étaient connus); 2° des clichés d'actualité; 3° naturellement des clichés de Publicité. Les directeurs de cette entreprise en font valoir habilement les avantages dans une brochure dont j'extrais les passages suivants, qui sont finement raisonnés :

Pour le commerce de luxe, la valeur de la Publicité théâtrale est d'une évidence absolue.

Il convient de frapper l'acheteur au moment où il fait dépense de ce luxe; en un mot, au moment où ce superflu est pour lui l'utile et l'indispensable.

La femme sera, elle aussi, très favorablement impressionnée; car au théâtre le luxe est son unique pensée, il devient pour elle un besoin.

Tous les spectateurs sont au théâtre dans un état d'esprit absolument spécial et très favorable à la Publicité.

Presque toutes les publicités ne nous atteignent, en effet, que durant le temps que nous réservons à nos affaires. Il est évident que nous n'y apportons qu'une attention distraite.

Au théâtre, au contraire, vous trouverez des gens n'ayant plus en tête aucun souci commercial. Leur unique préoccupation est de regarder la scène et tout ce qui s'y passe. Vous qui venez y présenter votre Publicité, vous ne pouvez faire autrement que de convenir **que nul moment ne peut être mieux choisi** pour faire vos offres avec chance de succès.

Nos clichés de publicité paraissent entre des nouvelles et des clichés d'actualité. Ils sont, de ce fait, forcément lus et regardés du public.

Pourquoi? Parce que les spectateurs, venant de lire une nouvelle et attendant le prochain cliché d'actualité ou la prochaine dépêche, ne détachent pas leurs yeux du décor-écran sur lequel est projeté le Journal.

Ils liront donc forcément votre cliché-annonce.

Nos clichés de publicité occupent toute la surface du rideau de scène, ce qui vous représente, suivant le théâtre, de quarante à soixante mètres carrés de surface. Nous obtenons de cette façon les deux QUALITÉS INDISPENSABLES à toute bonne Publicité :

1° **L'isolement,** — chaque cliché ne comportant de réclame que pour une seule maison ;

2° **La grandeur de l'annonce,** — chacun de ces clichés occupant toute la surface du rideau de scène.

Il y a beaucoup de vrai là-dedans et une analyse psychologique des bonnes conditions de la Publicité qui est utile à méditer.

TABLE DES MATIÈRES

36 680. — Tours, imprimerie Mame.

SA MAJESTÉ
LA
PUBLICITÉ